TRANSFORMACIÓN

Conscientemente Creando tu Realidad

CHOYO GOMEX

ISBN:

979-8-3482-1390-9 (Paperback)
979-8-3482-1396-1 (Hardcover)

TABLA DE CONTENIDO

PRÓLOGO

Este inocuo pequeño libro está lleno de dinamita metafísica, capaz de traer fabulosos y maravillosos beneficios a quienes aplican sus técnicas con sabiduría y comprensión.

Estas enseñanzas, aunque expresadas aquí de manera clara y accesible, en realidad son sabiduría antigua, que ha sido guardada y celosamente protegida por milenios, debido a su gran potencial para cambiar vidas.

Poner esta información en manos de cualquier persona interesada, es una oportunidad valiosa, pues, como dice el dicho: "Cuando la casa está en llamas, los objetos valiosos son arrojados por la ventana con la esperanza de salvar algunos de ellos, sin importar lo que pueda pasar con el resto". Y ahora que el mundo necesita urgentemente este conocimiento, se pone a disposición de todas los que deseen aprovecharlo.

La humanidad solo puede ser salvada por acciones fundamentadas en un código de buena voluntad, como las que se presentan en esta obra con claridad y precisión. Aunque existe la posibilidad de que estas enseñanzas puedan ser mal interpretadas o usadas incorrectamente, el valor de compartir este conocimiento supera ese riesgo. Al final de este libro se ofrece una advertencia importante: "Asegúrate siempre de que tu deseo predominante sea digno y que no cause daño a terceros, sino que traiga beneficios para ti y para todos los demás involucrados". Es cierto que todos conocemos a alguien que ha usado información valiosa para su propio beneficio, a veces con resultados poco éticos. Por eso, mientras recomiendo fervientemente este libro (audio) a aquellas personas cuya vida y carácter las hacen merecedoras de sus enseñanzas; también te recuerdo que, para ser verdaderamente exitosa, debes tener no solo un brazo fuerte, sino también un corazón generoso y compasivo, como el del Rey Salomón.

En "TRANSFORMACIÓN: *Conscientemente Creando tu Realidad*", me dirijo en especial a ti, lectora, con la intención de acompañarte en un viaje de autodescubrimiento y empoderamiento. A lo largo de estas páginas, explorarás herramientas y técnicas para tomar las riendas de tu vida y manifestar tus deseos de manera consciente.

Utilizo el lenguaje en femenino no solo para incluir, sino a manera de honrar y reconocer a la mujer, y también a la poderosa energía femenina que todos los seres humanos llevamos dentro.

Este libro (audio) es una invitación a transformar tu realidad, a partir de la toma de consciencia y la creación deliberada de cada aspecto de tu existencia. ¡Disfrútalo!

INTRODUCCIÓN

Tejiendo el Tapiz de Tu Existencia

En el corazón de la existencia pulsa un poder inimaginable, una fuerza que los antiguos sabios intuyeron, y que la ciencia moderna comienza a descifrar, y eso es que: los seres humanos tenemos la capacidad de crear nuestra realidad.

Este libro: "TRANSFORMACIÓN: *Conscientemente Creando tu Realidad*" es un faro, en la inmensidad de ese descubrimiento, y ahora es tu guía hacia la comprensión y aplicación de esta fuerza en tu vida cotidiana.

¿Alguna vez has contemplado la magnificencia del Universo, y te has cuestionado sobre tu lugar en él? ¿Has sentido que, más allá de las estructuras y leyes físicas, existe una fuerza más sutil que teje la realidad humana?

Aquí, en el cruce de caminos entre el conocimiento ancestral y los descubrimientos modernos de este nuevo siglo, te invito a explorar cómo tus pensamientos, emociones y acciones no solo participan en este drama de la vida, sino cómo poder moldearlos a tu voluntad.

Esta no es solo una afirmación audaz, sino una invitación a un viaje: un viaje que te llevará desde las profundidades de tu ser hasta las estrellas, desde el núcleo de tus deseos más íntimos hasta la manifestación tangible de tus sueños.

A lo largo de estas páginas, desentrañaremos juntos los misterios de la ciencia y el arte de, conscientemente, crear tu realidad. Aquí te ofreceré las herramientas, basadas tanto en la sabiduría ancestral como en los descubrimientos científicos más recientes, para que puedas diseñar conscientemente el Universo de tu experiencia personal.

Esta guía está llena de historias inspiradoras, principios científicos explicados con claridad y ejercicios prácticos diseñados para transformar tu comprensión del mundo y tu lugar en él. Cada capítulo es un paso hacia el dominio de la creación consciente, hacia el entendimiento de que tú eres la arquitecta de tu destino, la pintora de tu paisaje vital, la escritora de tu epopeya personal.

Prepárate para desafiar lo que creías saber sobre la realidad, el destino y tu capacidad de influir en ambos. Prepárate para descubrir que la clave para desbloquear un futuro de infinitas posibilidades reside en la fusión del arte y la ciencia, en la armonía entre tu deseo y tu acción, en la unión de tu sueño y tu disciplina.

"TRANSFORMACIÓN: *Conscientemente Creando tu Realidad*" no es solo un libro; es una puerta hacia la realización de tu potencial humano ilimitado. Es el inicio de una nueva manera de vivir, de un nuevo paradigma de poder personal y responsabilidad creativa.

Al cerrar este libro, no solo habrás aprendido cómo crear tu realidad a voluntad, sino que te habrás embarcado en el proceso de hacerlo.

Bienvenida al primer día del resto de tu vida. Bienvenida a la ciencia exacta y el arte sublime de, conscientemente, crear tu realidad.

CAPÍTULO I

La Ley de la Consciencia

Es evidente que las pocas exitosas y felices personalidades en este mundo, tienen acceso a un poder, del cual, los muchos infelices y fracasados saben poco o nada. Un poder que, erróneamente, algunas personas llaman "suerte".

Quizás tú simplemente pienses que algunas personas sean suertudas y lo dejes así. Pero si eso es lo que tú crees, permíteme decirte que te falta entender algo muy importante. Este libro fue escrito para aquellas personas que están dispuestas a considerar la posibilidad de que hay algo más que solo suerte o herencia, lo que asegura la felicidad a unos, y el fracaso a otros.

En este libro también encontrarás un método efectivo para enfrentar los dilemas de la vida que miles de personas felices, con habilidades meramente promedio, han utilizado exitosamente. Sí, muchas miles de personas ya han usado este método, aunque muchas de ellas ni siquiera sabían que lo estaban usando. Te recuerdo que "encontrar" solo está reservado para aquellas que buscan. Entonces, si tú andas buscando, y tienes una mente abierta, aquí encontrarás la respuesta a muchas de tus preguntas más íntimas.

Con este libro en tus manos, ahora tú también tienes acceso a una información que ya ha ayudado a millones de personas, sin embargo: tu vida no va a cambiar solo porque tienes acceso a esta información, tu vida solo cambiará cuando hagas uso efectivo de ella. Yo solamente te puedo ofrecer la llave y enseñarte la puerta, el resto lo debes hacer tú, y créeme cuando te digo que: si no lo haces tú, nadie más lo hará por ti. Los Superhéroes solo existen en Hollywood.

Iniciemos entonces con unas cuántas ideas en las que estemos mutuamente de acuerdo, y partamos de ahí, ¿va? Cuando observamos nuestro alrededor, nuestros sentidos nos indican que estamos en un mundo lleno de objetos de todo tipo, como casas, árboles, personas, etc. A estos objetos, nosotros les damos el nombre general de "cosas" o formas. Pero, si observamos de cerca, vemos que cada objeto tiene sus características individuales, como el olor, la densidad, la firmeza, el peso, el color. Y si observamos más detalladamente, encontramos que estos objetos son hechos de una misma substancia, y que su única diferencia se encuentra en las variadas combinaciones físicas o químicas. Sabemos que los objetos que componen nuestro entorno están hechos de materia y que la materia es generalmente visible. Sin embargo, si observamos aún más detenidamente, notamos que también existen otras condiciones en nuestro mundo que son invisibles.

Podemos ver una manzana caer al suelo, pero la causa de su caída permanece invisible. Evidentemente, varias fuerzas naturales están en juego. No vemos las fuerzas o energías en sí mismas, pero podemos ver su efecto, lo que ellas "causan".

Lo que observamos, entonces, son los resultados llamados fenómenos o acciones, y estados de ser. Vemos crecer de tamaño a los seres vivos, como plantas, animales y seres humanos, pero no vemos la energía que los hace crecer. Observamos que las personas se mueven, pero no vemos la energía que los impulsa a moverse. Pensamos, pero no vemos nuestros pensamientos. Escuchamos la radio, enviamos correos electrónicos, hablamos por teléfono o encendemos las luces en nuestra habitación, pero no vemos la energía que hace funcionar a todo esto. Vemos a una gallina picoteando en el gallinero; tiempo después, esta pone un huevo, el cual, a su debido tiempo, se convierte en un pollito, y después ese pollito se convierte en un gallo adulto, reproduciendo así el proceso de vida. Un despliegue constante de dramáticas fuerzas ante nosotros.

Esta observación nos enseña que no solo vivimos en un mundo visible de materia, sino también en un mundo invisible de fuerzas y energías que producen las cosas visibles de nuestro entorno.

Nosotros podemos ver estas formas visibles, y sentimos las fuerzas invisibles subyacentes a través de un poder que llamamos mente. Ningún ser humano ha visto a la mente; sin embargo, ninguna persona razonable disputa la existencia de tal poder, porque es la cosa más obvia de admitir.

Todo lo material que el ser humano ha producido en este mundo, empezó primero como un pensamiento en la mente de alguien. Tu casa existió en la mente del arquitecto antes de que tomara forma física. Tu automóvil tomó forma primero en la mente del fabricante. Todo lo que nosotros hacemos, individual o colectivamente, empieza primero con el pensamiento de tal objeto. No importa si hacemos una cosa repentinamente, antes de hacerla, debimos pensarla primero; siempre es así. A veces actuamos rápidamente sobre lo pensado; y a veces, tenemos que esperar hasta que podamos desarrollar las condiciones adecuadas para su manifestación. También, cuando observamos a nuestro alrededor, miramos muchas formas de materia que no fueron creadas por la mano del hombre, porque expresan características que ningún ser humano podría crear. Por ejemplo, el ser humano no puede crear un árbol, un océano, o un loro. Pero todos y cada uno de ellos iniciaron en una mente. ¿En cuál mente y con qué pensamientos crees que empezaron ellos?

Antes de responder a esta pregunta, si echamos un vistazo a nuestro alrededor, notaremos que la planta de la semana pasada es un poco más alta hoy. El niño pequeño del año pasado ahora es más grande y hábil. Y si somos cuidadosos, también notaremos en el espejo ciertos cambios en nuestra apariencia física, con el paso del tiempo. No podemos ver qué causa este aumento en el tamaño, la habilidad, etc., pero la evidencia está ante nuestros propios ojos. Observa de nuevo, pero esta vez enfócate en otra clase de cosas... Aquel edificio empezó hace unas semanas, y está aumentando constantemente su tamaño; un puente que empezaron a construir hace unos meses, ya casi lo terminan; la estación del Metro ya casi está terminada. Podemos claramente determinar que es la mano del hombre la que está causando ese crecimiento.

Así que tenemos ante nosotros dos cuadros diferentes de crecimiento. Uno, proviene de los esfuerzos del hombre, en el plano visible. El otro, está dirigido por el plano invisible, y para nada depende de los esfuerzos del ser humano. A estos cambios en nuestro entorno, los llamamos crecimiento. Notamos que este crecimiento es realizado por el ser humano, en algunos casos; y por algún otro poder o agente, en otros. Pero en todos los casos, ese crecimiento fue originado por alguna mente en algún lugar.

Ahora, tratemos de figurar si realmente hay dos clases de crecimiento, uno causado por el hombre, y el otro causado por algo más. Parecen haber dos, pero ¿realmente es así?

Ninguna persona sensata acepta que el hombre simplemente apareció de la nada. Entonces, el ser humano también es un fenómeno, un hecho, con una causa invisible. Nosotros estamos de acuerdo en que las causas pueden ser del hombre o de algo más que el hombre. Pero el hombre no pudo crearse a sí mismo, algo más debió crearlo. Por consiguiente, este algo más no solo crea las montañas y océanos que están más allá del control del hombre, sino que también causa todo lo que el hombre parece causar, porque fue precisamente lo que causó que el hombre existiera en primer lugar. Así, vemos que solo hay una causa básica de todas las cosas que son, fueron o alguna vez serán.

Los humanos la llamamos "La gran primera causa, sin causa". Algunos la llaman "Dios". Otros la llaman "Espíritu".

Cualquier término que usemos, debemos recordar que opera a través de la mente, y que la causa de todas las cosas es la Mente Universal. Aunque algunas personas relacionan a este hecho con una religión o teología, la aceptación de una Mente Universal es innegable desde el punto de vista científico, así como de simple lógica.

Hoy en día, todo el poder viene de una misma fuente, así como lo hizo antes del principio de todas las cosas. Esta gran causa invisible actúa a través de eso que nosotros llamamos la Mente Universal, la inteligencia que lo dirige todo, y que es la fuerza que produjo al hombre, y que, a través de él, aunque en una escala mucho menor, constantemente está produciendo cambios en su medio ambiente.

CAPÍTULO II

Equilibrando las Dos Caras del Cambio

Acordamos al principio de esta conversación, empezar con cosas tan evidentes con las cuales fácilmente podríamos estar de acuerdo.

A partir de ahí, llegamos a un análisis de lo que estaba atrás de esas cosas en las que estábamos de acuerdo. Luego, decidimos que todo lo que existe en la naturaleza o el mundo del hombre (humanidad), se deriva de una causa básica, la cual es invisible, universal, mental, creativa e inmaterial, y a la expresión de esta gran causa la llamamos Mente Universal.

¿Qué significa esto para nosotros personal y prácticamente? Por ejemplo, si descubriéramos que nosotros podríamos usar este hecho conscientemente para nuestro beneficio, ¿acaso no sería este un gran descubrimiento para la humanidad?

Pero ¿cómo podemos obtener aunque sea una idea parcial de lo que es la mente?

Veamos una comparación que ha sido de gran ayuda para muchas personas al tratar de entender este punto tan importante. En cualquier circuito eléctrico podemos encontrar diferentes tipos de aparatos en funcionamiento. Las aspiradoras, lámparas, campanas, y los motores, todos tienen una dínamo como la fuente de su poder. Y aunque una lámpara consume mucho menos energía que un motor grande, ambos funcionan en el mismo voltaje eléctrico. Si el circuito con la dínamo se rompe, la lámpara se apaga, el motor se desacelera hasta apagarse y la aspiradora deja de zumbar, probando que una sola fuente de poder los suple a todos.

Bueno, la mente humana es algo similar.

Una misma mente es la fuente de todo poder, y se puede comparar con una dínamo. Individualmente, todos estamos conectados a esa fuente infinita, igual que las lámparas y los motores están conectados a una dínamo. Nosotros, como individuos, variamos mucho en la cantidad de energía que obtenemos del mismo voltaje, justo como un motor grande requiere mucha más energía que un motor más pequeño. Pero todos nosotros estamos conectados a ese generador de poder ilimitado llamado: la Mente Universal.

El mejoramiento y desarrollo de tu propia vida dependen de tu aprendizaje de cómo obtener más energía de esa gran fuente. Porque la realidad es que las máquinas humanas pueden incrementar su propio poder, a diferencia de los aparatos mecánicos. Así, vemos que cuando el ser humano piensa, él está consumiendo fuerza del "voltaje" ilimitado de la Mente Universal.

Pero en el ser humano, la Mente Universal tiene dos diferentes aspectos. Uno incluye la dirección de actividades relativas al ambiente normal del individuo, fuera de sí mismo. A eso le llamamos la "mente objetiva"; algunas veces le decimos la "mente consciente". Es simplemente la parte de nuestros pensamientos que dirigimos a cosas externas, necesarias para nuestro bien terrenal o mundano.

El otro aspecto de la Mente Universal en cada uno de nosotros, toma el control de la dirección y uso de fuerzas que operan independientemente de nuestra mente consciente u objetiva. Por su parte, la mente inconsciente, entre otras cosas, es quien dirige las funciones de respiración, digestión y todas las funciones automáticas del cuerpo que sustentan la vida y se llevan a cabo sin nuestro conocimiento. A esta fase de la Mente Universal en nosotros, le llamamos lo "subjetivo"; algunas veces también es llamado el "Subconsciente".

En el cuerpo humano, la mente objetiva controla el sistema nervioso cerebroespinal. La mente subjetiva funciona a través del sistema nervioso simpático. Estos dos sistemas están casi completamente separados, excepto por el nervio vago que los une; las fibras de un sistema se unen y se funden con las fibras del otro, en este nervio vago. Así, los dos —objetivo y subjetivo— son físicamente uno, pero ordinariamente están ocupados en diferentes cosas; el subjetivo con las variadas actividades que sustentan la vida y permiten el crecimiento; y el objetivo es el que recibe los reportes de los sentidos y la razón. La unión de estos dos sistemas en el nervio vago es una válvula de dos vías, por así decirlo. La corriente de fuerza puede ir en una dirección o incluso en ambas direcciones al mismo tiempo. Imagina esta conexión, como la puerta giratoria en la entrada de un edificio; a través de esa puerta, se puede salir del edificio a la calle, o viceversa, y diferentes personas pueden ir en direcciones opuestas al mismo tiempo, a través de la misma puerta.

Esta distinción entre la mente objetiva y subjetiva, es extremadamente importante de entender. Lo que hemos dicho al respecto hasta ahora, puedes encontrarlo en cualquier libro estándar de psicología, pero tú misma puedes fácilmente probar la distinción sin ninguna referencia de las ideas de otra persona. Hagámoslo ahora.

Tú sabes que en este momento, mientras escuchas (estás leyendo) estas palabras, ciertas ideas están siendo presentadas ante ti, y tú las estás evaluando, las estás considerando. Esta actividad está sucediendo en la fase objetiva de la Mente Universal, que opera a través de ti. También sabes, sin lugar a duda, que justo en este momento tu corazón está bombeando sangre a través de tus venas y arterias. Pero tu mente pensante no tiene nada que ver con esa acción. Este es solo un ejemplo de una actividad de la fase subjetiva de la Mente Universal, constantemente operando a través de ti.

Normalmente, estas dos fases de la mente operan independientemente, aunque estén conectadas, y no entran en conflicto una con la otra. Sin embargo, de vez en cuando nos vemos forzados a tener que controlar la actividad de la mente subjetiva, a través de la acción de la mente objetiva. Por ejemplo, cuando tenemos un dolor de estómago; eso significa que el proceso subjetivo de la digestión ha ido mal. Así que la mente objetiva tiene que intervenir, seleccionar una medicina y ayudar a la mente subjetiva a hacer su trabajo correctamente.

El párrafo anterior contiene un hecho muy importante de entender, y eso es que: la mente objetiva, en algunos casos, puede controlar a la mente subjetiva. Asimismo, la mente subjetiva puede influenciar a la mente objetiva, ya que la conexión funciona en ambas direcciones. En otras palabras, la mente consciente puede influenciar a la mente inconsciente, y viceversa.

Aquí hay otro punto aún más importante que debemos tener en cuenta ahora, y eso es que: cuando el proceso digestivo normal se detiene, es simplemente porque, por el momento, se ha sobrecargado. La mente subjetiva que gobierna la digestión ha decidido continuar trabajando. El aparato digestivo aún está trabajando arduamente para llevar a cabo la digestión, pero una mala combinación de comidas está sobrecargando su poder.

La mente inconsciente no puede detener su trabajo mientras exista vida en el organismo. Es absolutamente automática y sin voluntad alguna. La mente inconsciente solo puede ejecutar órdenes, y es incapaz de distinguir entre lo valioso o destructivo, bueno o malo de las mismas.

Tu mente inconsciente tiene muy pocas órdenes que ejecutar, excepto aquellas que, por así decirlo, recibió en tu nacimiento; órdenes como: llevar a cabo las funciones vitales de la respiración, asimilación, digestión, etc., implícitas en el hecho mismo de la vida. Pero pronto veremos que también existen otro tipo de órdenes que tú le puedes dar a la mente inconsciente, las cuales pueden ser y serán ejecutadas automática y exactamente como fueron dictadas.

En los párrafos siguientes no se intentará dar explicaciones conforme a una doctrina teológica o teoría científica en particular. Todo lo dicho en este audio (libro), lo puedes probar tú misma. Cada afirmación dada aquí, contiene una simple verdad, expresada en términos tales, que cualquier persona interesada puede validarlos por su propia experiencia.

Suficiente se ha dicho ya para demostrar que las cosas no pasan al azar, que no existe tal cosa como la "casualidad", o la "mala suerte". Ya sabemos que todo lo que acontece es el resultado exacto de una causa exacta, ya sea que esta causa sea fácil de reconocer -como la de un bebé llorando, con un alfiler atorado en él- , o remota y aparentemente imposible de descubrir, como la "injusticia" de que Juan Pérez tenga un mejor trabajo o gane más dinero que tú.

Debes saber que lo que estamos pensando, lo que estamos hablando, lo estamos sembrando. Y que los frutos de tu siembra, de tus acciones, sean dulces o agrios, placenteros o no placenteros, dependerán cien por ciento de tu relación con el infinito poder de la Mente Universal, de la cual tú, como su individualización, eres un vehículo para su expresión. Hacer de ese vehículo, un poderoso carro de carreras o simplemente una bicicleta, de ahora en adelante dependerá solamente de ti. Nadie más puede hacer esto por ti, al igual que nadie puede comer o respirar por ti.

Y si decides no hacerlo, ya no tendrás la excusa de que no sabías, de que nadie te lo dijo antes, porque ahora ya lo sabes.

CAPÍTULO III

La Unidad en la Diversidad

Veamos ahora ese "algo mágico", que les permite a algunas personas tener éxito, más allá de sus aparentes capacidades. Recuerda que nosotros solo vemos los efectos de sus acciones, pero no las habilidades que les permiten hacerlo.

Tal vez, aquellos a los que alguna vez hemos envidiado o llamado "suertudos", han aprendido esta gran verdad, la cual ahora empieza a desplegarse ante nosotros, en nuestro estudio de las causas invisibles de los efectos visibles.

Entendemos que todas estas causas invisibles se enfocan en la acción de la Mente Universal, de la cual, nuestras mentes individuales son su expresión. Vemos también que estas mentes individuales nuestras operan de dos maneras: una objetiva y la otra subjetiva. Y que la mente subjetiva en cada uno de nosotros puede ser influenciada por nuestra mente objetiva.

Y que la única misión de la mente subjetiva es ejecutar órdenes, contundentemente y de forma automática, sin ningún tipo de voluntad propia.

Ya sabemos que la mente consciente tiene la capacidad de influir en procesos normalmente gestionados por la mente inconsciente, como la respiración, circulación y digestión. Sin embargo, si esta influencia se limitara únicamente a tales funciones automáticas, rara vez necesitaríamos ejercer control consciente sobre ellas. Entonces, ¿no crees que sería conveniente buscar alguna otra razón más importante para el control potencial de la mente consciente?

Debe quedarte claro que la naturaleza no desarrolla facultades y talentos inútilmente. Este punto depende de la absoluta unión de todas las cosas con la Mente Universal, independientemente de su aparente separación física.

Esta idea es tan esencial para un mejor entendimiento de nuestro tema, que le dedicaremos algo más de tiempo ahora mismo, para que nos quede claro en nuestra consciencia cómo esto puede ser y por qué es lo que es.

No es mi intención complicar esto ni llevarte a través de un laberinto de metafísica en esta búsqueda. Así que tomaremos un par de sencillas ilustraciones que explicarán claramente esta idea de unidad, y la absoluta necesidad de que realmente la entiendas.

¿Estás familiarizada con una llanta de bicicleta? ¿Alguna vez te has puesto a pensar en que esta es un maravilloso símbolo de la verdad cósmica? Probablemente no. Porque habitualmente ya no observamos los símbolos de artículos comunes.

Pues bien, la rueda de una bicicleta tiene su centro, rayos, rin y llanta. Ahora, imagina que el centro de la llanta representa la Mente Universal. Deja que cada engrane en la rueda represente a un ser humano, una raza, una nación. Llamemos a esta rueda, el ciclo de la existencia humana. Deja que los dientes en el rin representen los incidentes individuales y las experiencias de la vida.

Primero, para llamar nuestra atención, tenemos el hecho de que todos los rayos de la llanta tienen su origen común en el centro, la Mente Universal. Luego, vemos que en ese centro común de origen, cada uno de los contactos forma parte del eje central. Del mismo modo, en la Mente Universal, todos los seres humanos, razas y naciones, son UNO, y todos son una parte de cada uno.

Pero cuando cada rayo de la llanta sale hacia el borde -hacia el ciclo de vida-, aparentemente se separa, y para cuando llega a tocar el borde ya se siente solo y alejado de su vecino. Digo "aparentemente separado", pero en realidad, cada rayo está unido entre sí en el centro de la llanta, y cada uno es parte de toda la rueda.

Pero, como seres humanos en la rueda de la vida, tristemente, aún se mantiene la idea errónea de que estamos separados, y que la individualidad significa ser diferentes unos de otros. Aquí es donde empieza el error humano. Porque las personas ignoran que una nación coherente y unida sería una nación todopoderosa.

Aquel individuo que piense que él es la ley en sí mismo, fracasará horrendamente. Porque habrá perdido su fuerza al no entender el valor esencial de la unidad, y que cada cosa en la naturaleza contiene todos los poderes de la naturaleza en sí. Y que todo en el Universo está hecho de una misma materia.

Tal vez un ser humano piense de sí mismo como algo separado de la hermandad humana, y se sienta abandonado, descuidado, discriminado y que lleva a sus espaldas una carga desproporcionada. Pero realmente no es así, porque él simplemente está cargando su propia carga, en su propio tiempo, en obediencia exacta a una ley que dice que: "Cada quien solo cargará lo suyo, lo que por derecho le pertenece".

Muy bien, antes de continuar, toma una respiración profunda y medita seriamente sobre esta información.

No se trata de terminar el libro rápidamente. Si de verdad deseas cambiar y deseas mejorar tu vida, te sugiero usar toda tu capacidad de entendimiento para hacerte consciente de la unidad y de la conexión de todos los hechos aparentemente separados, de todas las cosas.

Ahora, toma una hoja de papel, hazle cinco hoyos, y mete cada uno de los cinco dedos de una de tus manos, en los hoyos del papel.

Para una persona que esté parada enfrente de ti, los cinco dedos que ve "saliendo" del papel representan cinco cosas separadas. Cada dedo parece tener poder de movimiento individual, y aparenta ser completamente independiente y separado de su dedo vecino. Pero para ti, que estás en la parte posterior del papel, detrás de la escena, "más allá del velo", por así decirlo, parece un hecho ineludible que todos los dedos están unidos, que tienen una cosa en común, que el poder de cada uno deriva de una misma fuente, en este caso, tu mano.

¿Puedes ver esta ilustración?

Para los seres humanos, la sensación de frustración y desánimo por sentirnos separados puede ser abrumadora, especialmente cuando percibimos el mundo como un lugar caótico y sin orden. En momentos en los que nos sentimos acorralados, sin salida visible o apoyo a nuestro alcance, nuestra capacidad para afrontar los desafíos disminuye significativamente.

Esta disminución de nuestra habilidad, poder, vitalidad, fuerza y energía, se debe en gran medida a una percepción negativa de nuestra situación.

Es común para muchas personas frustradas, creer, erróneamente, que han sido aisladas de sus fuentes de poder y energía vital, lo cual, intensifica la sensación de desamparo, agobio y limitación. Reconocer esta percepción errónea, es el primer paso hacia la recuperación de nuestra fortaleza interior y la reconexión con nuestra fuente de resiliencia y esperanza.

Ahora quiero personalizártelo: Al tú tener esa sensación de frustración y desánimo, y que a veces es abrumadora, especialmente cuando percibes el mundo como algo caótico y sin orden, cuando te sientes acorralada y sin una aparente solución a tus dilemas, en ese momento tu capacidad para pensar claramente y afrontar los desafíos disminuye significativamente. Esta disminución de tu habilidad, de tu poder, vitalidad, fuerza y energía, se debe en gran medida a una percepción negativa de tu situación.

En esos momentos es común creer, erróneamente, que has sido aislada, separada de tu fuente de poder y energía vital, lo cual intensifica la sensación de desamparo y limitación.

Reconocer esta percepción errónea, es el primer paso hacia la recuperación de tu fortaleza interior, y la reconexión con tu fuente de poder, resiliencia y esperanza.

Así que cuando te sientas sola, frustrada, estresada, despreciada y abandonada, recuerda que todos somos UNO con la fuente creativa, con nuestro Creador, que somos UNO en la Mente Universal, somos UNO con toda la fuerza creadora de la naturaleza; reconoce que realmente tú nunca podrás estar "sola". Reconoce con certeza que tú eres una Diosa creadora, y que tienes el mismo poder creativo de la Mente Universal, solo que en diferente grado; y que este poder dentro de ti, está pacientemente esperando a ser utilizado. Cuando aprendas cómo usarlo, te parecerá juego de niños manifestar cualquier cosa, cualquier deseo.

A estas alturas, ya debe quedarte claro que para poder tener cosas que no has tenido, debes empezar a hacer cosas que no habías hecho. Sabiendo eso, tu misión ahora es reconocer y reacomodar las cosas que ya no te funcionan, sirven, o ayudan en tu vida. Debes, conscientemente, armonizar, alinear tu vibración, tu energía vital con todas las cosas en la Mente Universal. Hacer esto te dará acceso a poderes que jamás hubieras imaginado que estaban disponibles para ti.

Por favor, detente ahora y seriamente medita sobre esto; no continúes leyendo, hasta que conscientemente aceptes este hecho, así de importante es.

En este momento se podría decir que vamos iniciando este viaje informativo, aún viene más y muy valiosa información. Por eso, es de vital importancia que esto quede bien cimentado, bien claro. De hecho, te recomiendo que leas este libro varias veces, las veces que sea necesario.

Más adelante vamos a entrar en los detalles específicos de cómo tú puedes utilizar este poder por ti misma, para tu beneficio y el de todos los demás involucrados. Pero te recuerdo que solamente tener la información, o sea, solo "saberlo", no te servirá absolutamente de nada. Es en la aplicación de la información que su valor reside.

Continuemos, entonces. Ahora piensa en esto: si vas a una gran planta de energía eléctrica, observarás su gran dínamo, con su asombroso poder. La dínamo está lista para hacer su labor en el instante que se le active simplemente moviendo el botón del interruptor. Si nadie la enciende, esa gran dínamo no hará nada, hasta que la demanda por su energía sea requerida. Pero en el momento que se active, al encenderse el switch, la energía empezará a fluir por sus cables. Está claro entonces, que la dínamo primero debe ser activada, antes de que empiece a ejercer su poder.

Pero, si tú no sabes que la dínamo existe, o no lo crees -después de que te lo han dicho tantas veces-, ¿de qué sirve que yo te diga cómo usarla? ¿Me explico?

Por eso mi interés ahora de decirte cómo poder aplicar esta información a ti misma. Es indispensable que sepas que tú ya tienes una dínamo en ti, y de hecho, naciste con ella. Y tu dínamo es literalmente millones de veces más poderosa que la más poderosa de todas las dínamos creadas por el ser humano, juntas. Debes saber que esa fuente de poder ya existe en ti, y al igual que la dínamo en la planta eléctrica, tu dínamo solo está esperando que la enciendas, que la actives, para empezar a hacer su trabajo, para convertir todos tus deseos en realidad.

Pero ninguna entidad externa vendrá a ayudarte o realizará por ti las cosas que deseas, hasta que tú reconozcas su existencia, la actives y la dirijas tú misma a la finalidad deseada.

Te estoy hablando del poder más grande del mundo, mucho mayor que cualquier dínamo inventada por el ser humano, porque es el poder que hizo que el ser humano pudiera inventar la dínamo, entre muchas otras cosas.

Te diré algo: existe un cierto modo de hacer las cosas, y una vez que entiendas el cierto modo de hacerlas, entonces podrás lograr que ese poder funcione a tu favor.

¿Preparada para lo que viene? Abróchate tu cinturón de seguridad, porque este viaje apenas comienza.

El Faro que Guía tus Acciones

Para mejor y más eficazmente captar los conceptos que te explicaré, primero es necesario comprender cómo funcionan. Visualiza tu mente como una casa que, con el tiempo, se ha llenado de cosas innecesarias. Aunque por fuera pueda parecer en orden, el interior puede estar en caos. Para alcanzar el éxito, es crucial limpiar la casa, dejando solo lo esencial.

La transformación que buscas—física, mental y emocional— requiere primero una limpieza interna. Así como una casa desordenada dificulta encontrar lo que realmente necesitas, una mente desordenada te impide alcanzar tu máximo potencial. Debemos liberar nuestra mente de las creencias limitantes y los pensamientos inútiles que nos frenan.

Piensa en cómo llegaste a ser quién eres. Comenzaste como una célula diminuta que cabía en la punta de un alfiler, aun así, ya contenía en esencia todo lo que eres ahora. Esa célula, impulsada por una chispa de mente, siguió un plan divino, desarrollándose hasta convertirte en la persona que eres. Aunque no entiendas completamente esta verdad, puedes reconocer que hubo un poder creativo en acción.

Este principio es la base de esta enseñanza: la mente contiene imágenes, y cada imagen, tarde o temprano, se manifestará en el plano físico. Esta es la Ley Universal, la cual, cuando la usamos inteligentemente, nos da control sobre nuestro entorno. La mente es una herramienta poderosa para la transformación. Si enfocamos nuestros pensamientos en lo que realmente deseamos, podemos materializar esos deseos en nuestra realidad física, mental y emocional.

Seguramente has experimentado "coincidencias" donde algo que deseabas apareció en tu vida de manera sorprendente. Esto no es casualidad, sino el resultado de esta ley en acción. Sin embargo, muchos deseos no se manifiestan debido a la falta de atención o la ignorancia de esta ley. Imagina que todas las estaciones de radio transmitieran en la misma frecuencia. Sería imposible escuchar claramente una sola estación.

De la misma manera, nuestros pensamientos y deseos pueden confundirse y anularse entre sí, impidiendo su manifestación.

El poder de la mente se debilita cuando creemos que existen fuerzas externas más poderosas que nuestra propia mente. La imagen mental que mantienes es, en realidad, la cosa misma, y lo que experimentas a través de tus sentidos es esa imagen manifestada. Entender y aplicar este principio es esencial para cualquier proceso de transformación personal.

Considera cómo la ciencia nos dice que el cuerpo humano se renueva completamente cada once meses. Si eso es cierto y lo es, ¿cómo es posible que mantengamos recuerdos de nuestra infancia si nuestras células solo tienen once meses? La respuesta es que no solo somos cuerpo; somos mente, somos una entidad única que usa el cuerpo como vehículo para expresar pensamientos e ideas. La transformación física, por tanto, no es solo un cambio superficial; está íntimamente conectada con la transformación mental y emocional.

Nuestra mente es como un jardín. Si la cultivamos con pensamientos positivos y constructivos, florecerá en un estado de bienestar físico y emocional. Si la descuidamos, se llenará de maleza—pensamientos negativos, creencias limitantes—que ahogarán nuestro crecimiento.

La transformación verdadera empieza en la mente, y sus efectos se reflejan en nuestro cuerpo y nuestras emociones.

Aunque parezca que tenemos tres mentes, en realidad se trata de tres fases de la misma mente: la mente profunda, que controla las funciones del cuerpo; la mente consciente, que interactúa con el mundo exterior; y la mente subconsciente, que es el centro de poder dentro de nosotros. La mente subconsciente es poderosa, pero depende de la mente consciente para recibir instrucciones.

¿Por qué no todos vivimos vidas extraordinarias si todos poseemos una mente subconsciente poderosa? Porque la mente consciente, al recibir información de los cinco sentidos, suele juzgar y limitarse, desviando la energía de la mente subconsciente hacia nuevos objetivos, sin permitir que complete su trabajo. Es como si estuvieras tratando de transformar tu cuerpo, pero cada vez que inicias una nueva rutina de ejercicios, cambias de opinión y pruebas otra cosa, sin darle tiempo a tu cuerpo para adaptarse y mostrar resultados. Lo mismo sucede con la mente.

La clave para activar el poder de la mente subconsciente es mantener un objetivo claro y definido. Al igual que un avión que corrige su rumbo constantemente pero siempre se dirige a su destino final, debemos tener una imagen clara de lo que queremos lograr y no rendirnos hasta conseguirlo. Esto es fundamental para la transformación en todas sus formas.

Tener un objetivo bien definido es esencial por varias razones.

Primero, la mente subconsciente es el polo positivo de tu ser, mientras que la mente consciente es el polo negativo. Para que algo se manifieste, debe existir un equilibrio entre ambos polos.

Segundo, la atmósfera está llena de millones de pensamientos en movimiento. Si no tienes un objetivo claro, estarás a merced de esas ideas conflictivas, lo que lleva a la confusión y la frustración.

Finalmente, cuando enfocas tu mente en un deseo específico, transfieres una porción de tu energía creadora a ese objetivo. Pero si dispersas esa energía en muchos deseos a la vez, tu poder se diluye y logras poco. Este es un principio crucial para tu transformación. Si deseas un cambio físico, mental o emocional, debes concentrar tu energía en ese objetivo específico hasta verlo realizado.

Supongamos que tu meta es mejorar tu salud física. Si te dedicas a un plan de ejercicio con determinación y constancia, tu cuerpo empezará a transformarse. Pero si constantemente cambias de rutina o te distraes con otras metas, el progreso será lento o inexistente. Lo mismo ocurre con la mente. Si deseas desarrollar una mentalidad más positiva, debes enfocarte en ello diariamente, alimentando tu mente con pensamientos que refuercen esa transformación. La transformación emocional también sigue este patrón: requiere enfoque, consistencia y una visión clara de lo que deseas lograr.

Si tu meta es grande y requiere muchos pasos pequeños, enfócate en uno a la vez.

Completa cada tarea antes de pasar a la siguiente. Así, evitarás sentirte abrumada y asegurarás un progreso constante hacia tu objetivo. La paciencia y la constancia son claves en este proceso. Con tiempo y dedicación, podrás transformar tus sueños en realidad.

O si tu objetivo es alcanzar un estado de paz mental y emocional

Sabes que este objetivo no se logrará de la noche a la mañana, sino a través de pequeños pasos: meditación diaria, prácticas de gratitud, y la eliminación de pensamientos negativos. Cada paso es importante y contribuye al resultado final. Lo mismo aplica para la transformación física: cada entrenamiento, cada comida saludable, y cada hora de descanso son bloques de construcción que llevan al cambio deseado.

La transformación es un proceso continuo que abarca cuerpo, mente y emociones. No es suficiente cambiar solo un aspecto; para una transformación verdadera y duradera, es necesario trabajar en todos los niveles. Tu mente es la guía, el faro que ilumina el camino hacia el cambio. Al disciplinar tu mente consciente y alinear tus pensamientos con tus deseos más profundos, puedes activar el poder de tu mente subconsciente para manifestar cualquier transformación que desees.

Recuerda que la transformación no es un destino, sino un viaje. Un viaje que requiere claridad, enfoque y determinación. Al mantener una visión clara de tu objetivo y avanzar hacia él con pasos deliberados, estarás creando no solo un nuevo tú, sino una nueva realidad en la que tus deseos más profundos se hacen tangibles. Tal es el poder de tu mente, y está a tu disposición para que lo uses en tu proceso de transformación.

En este camino, cada pequeña acción cuenta. Desde los pensamientos que eliges hasta las decisiones que tomas, todo contribuye a la persona en la que te estás convirtiendo. La transformación física, mental y emocional no es algo que ocurre de un día para otro, sino el resultado de un compromiso constante con tu crecimiento personal. Y mientras te mantengas enfocada en tus metas y perseveres, el cambio será inevitable y profundo.

CAPÍTULO IV

El Vínculo que Todo Lo Une

Si has estado atenta a la información dada en los capítulos anteriores, entonces ya tendrás claros en tu mente estos conceptos

•Todo es UNO en la Mente Universal.

•Tú, personalmente, eres un canal para la expresión individual de esa Mente Universal creadora.

•En tu existencia humana utilizas esa mente, objetiva y subjetivamente.

•Tu mente inconsciente puede ser influenciada por tu mente consciente, y obedecer sus órdenes de forma automática.

•Ordinariamente, estas órdenes se refieren a la regulación subjetiva de las funciones del cuerpo, pero en ocasiones también actúa por órdenes sobre otro tipo de actividades.

¿Sí recuerdas eso, verdad? Muy bien, continuemos.

Veamos ahora qué otros tipos de órdenes puede aceptar la mente subjetiva. Para ello, usemos el ejemplo de un hipnotizador en plena acción en un teatro. Él, por medio de unos pases con la palma de su mano delante de la cara de una persona, la pone en trance y la pone bajo su control. ¿Qué es lo que estamos diciendo con "ponerla bajo su control"? Esto es lo que queremos decir: él desconecta la mente inconsciente de la mente consciente de la persona hipnotizada, y luego sustituye su propia mente consciente para controlar la mente inconsciente de la persona hipnotizada. No hay otra explicación posible. Y el hecho real de la hipnosis ha sido ampliamente demostrado y comprobado científicamente.

Ahora, personalicemos esto, y como ejemplo digamos que el hipnotizador te tiene a ti bajo su control.

En ese trance de tu mente, tu pensamiento consciente está dormido; y tú, después de salir de tu sesión de hipnosis, no te acuerdas absolutamente de nada de lo que él hizo mientras te tenía bajo su control o, para decirlo más exactamente, tus funciones corporales gobernadas por el inconsciente han estado completamente bajo el control de la mente consciente de él. Esto es extremadamente importante de entender.

Simplemente, el hipnotizador te ordenó que corrieras alrededor del escenario y ladraras como perro, y tú lo hiciste. Tu mente subjetiva no se pregunta por qué debe hacer que tu cuerpo actúe como un perro, ella automáticamente acepta la orden dada y la lleva a cabo lo mejor que puede, ya sea inmediatamente o tan pronto como le sea posible hacerlo. Literalmente, no hay casi ningún límite de lo que la mente subjetiva pueda hacer bajo estas circunstancias.

Ahora tal vez entiendas más claramente por qué hemos dicho que la mente subjetiva recibe órdenes y actúa sobre ellas de forma automática, sin discutir en cuanto a su validez. Es obvio entonces, que si alguna otra persona, como un hipnotizador, puede impresionar su voluntad en tu mente inconsciente, tú puedes hacer la misma cosa, y mucho más fácil, con tu propia mente consciente.

Otro punto importante que encontramos en nuestro estudio de la hipnosis es que, por lo general, tu mente inconsciente solo está tratando con tu propia mente consciente, pero fácilmente puede interactuar con la mente consciente de alguien más, sin saber la diferencia. De lo contrario, el hipnotizador no podría controlar tu mente consciente; por tanto, esta es totalmente impersonal. Eso es solo otra manera de decir que: tu mente subjetiva (tu mente inconsciente) es universal en sus reacciones, ella no discrimina en cuanto a personas, circunstancias, razones, pros y contras. Y ¿cuán diferente es tu mente consciente en este respecto? Ella es muy consciente de la diferencia entre las personas, analiza razones, alega en pros y contras. Definitivamente ella sí discrimina. Por lo tanto, tu mente consciente no es universal. Es decididamente específica, y así debe ser, si ha de ser usada en el plano de lo concreto o, en otras palabras, en el mundo físico en el que vives.

¿Quedó claro este punto? No continúes leyendo, hasta que este punto esté claro en tu mente. Así de importante es esto.

Bien, si seguiste las instrucciones dadas, entonces ya debes estar lista para el siguiente paso. Avancemos, entonces.

Ya hemos confirmado que la fuente básica de todo el poder en todos los planos: físico, mental o emocional, es la Mente Universal.

Y acabamos de descubrir que solo un aspecto de tu actividad mental -el inconsciente- es también universal en sus reacciones.

Ahora sabemos que tu mente inconsciente individual es tu enlace personal inmediato con la Mente Universal. Y debes saber que es imposible que un ser humano se pueda comunicar humanamente o estar en contacto directo con la Mente Universal; pero esa comunicación no es necesaria, porque la fuerza creadora universal proveyó al ser humano con una herramienta para comunicarse con ella, y esa poderosa herramienta es la mente inconsciente. Es solo a través de la mente inconsciente, que el individuo finito se puede comunicar con la mente infinita; ese es el gran enlace con todo lo demás que existe.

La Mente Universal solo se puede expresar a través de la mente humana, y la mente humana solo se puede expresar a través de la Mente Universal, las dos son UNA.

Entonces, aprender a comunicarnos con nuestra mente inconsciente debería ser nuestro objetivo principal de vida, porque hacer eso es tener las llaves del trono.

Entonces, ¿cómo nos podemos comunicar con la mente inconsciente? Aquí va.

Toda la creación inicia en la imaginación; y todas las respuestas están en el silencio. Así es que para poder comunicarnos con la mente inconsciente, primero debemos relajar la mente consciente, y la mejor forma de hacer eso es a través de la meditación. Todas las respuestas están en el silencio, ¿recuerdas?

En Mateo 18:19 leemos algo así: *"Cuando dos estén de acuerdo en una cosa cualquiera en esta tierra, y la pidan, el Padre Celestial se las concederá"*. Esto es clave de entender.

Pero, ¿cuánta gente crees que sabe quiénes son esos dos que deben estar de acuerdo? Se estima que quizá solo una de cada mil personas lo sabe. ¿Cuánto, entonces, crees que vale esta información?

Saber quiénes son esos dos, y cómo ponerlos de acuerdo, literalmente te da el poder, la habilidad para poder manifestar cualquier cosa que desees, ya sea para tu beneficio o para tu destrucción. Así de poderosa es esta información.

¿Lista? Esos dos son: tu mente consciente y tu Mente Subconsciente.

Además, en Mateo 7,7-12 encontramos algo así: *"Pide y se te dará, busca y encontrarás, toca y se te abrirá; porque todo el que pide, recibe; y todo aquel que busca, encuentra; y al que toque, se le abrirá"*.

Ahora solo nos toca aprender a pedir, a buscar y a tocar; aprender dónde buscar, cómo pedir y cómo tocar. Eso es lo que aprenderás en este libro.

El método es relativamente simple. Primero es el deseo -se debe tener un deseo ardiente-, luego, la aceptación. La realización de estos dos primeros requisitos es esencial, porque constituyen la base sobre la que descansa todo el proceso. Después de que estos dos conceptos estén firmemente establecidos en tu mente consciente, el resto es fácil.

Solo debes concentrarte en lo que deseas, y la forma de hacerlo es la siguiente: debes sentarte en silencio, tomar unas respiraciones profundas y, conscientemente, relajar tu cuerpo físico y calmar tu mente consciente. Después de unos minutos de esta relajación, comienza a ver en tu imaginación la vívida imagen de lo que deseas. Está científicamente comprobado que la mente no distingue entre lo vívidamente imaginado y lo real. He ahí la importancia de utilizar tus cinco sentidos en tu visualización. Debes esforzarte para ver, sentir, saborear la escena: debes ver los colores, oler los aromas, escuchar los sonidos, sentir la textura de las cosas, saborearlo todo. Entre más vívida sea tu imagen, más rápida será su manifestación física.

Por ejemplo, digamos que un individuo desea ganar una suma exacta de dinero para un propósito específico. Él, primero debe entrar en un estado de relajación, luego, concentrarse en esa suma de dinero, debe visualizarse a sí mismo en posesión de esa cantidad, ya sea en su cuenta del banco, en oro, plata, un cheque a su nombre o recibiendo los billetes físicamente; debe sostener esas imágenes claras y específicas en su mente por unos minutos, vívidamente. Él puede manipular la imagen de la manera que quiera, puede tomar el dinero y abrir su cartera y ponerlo en ella, puede verse depositando un cheque en el banco, puede imaginar al cajero dándole el dinero en efectivo o haciendo cualquier otra cosa que se sienta inclinada a hacer. Entre más vívida y específica sea la imagen, más eficazmente se grabará en su mente. Después, debe verse usando el dinero para comprar o pagar lo que tenía en mente. Si se tratara de un automóvil nuevo, debe usar su imaginación para verse a sí mismo yendo a la sala de exhibiciones de autos nuevos, y visualizarse pasando por el mismo proceso por el que pasaría si realmente estuviera comprando un auto nuevo. Puede ordenar que envíen su nuevo auto a casa o salir manejándolo él mismo.

Ahora bien, después de formar en tu imaginación la imagen vívida y completa de lo que deseas, el siguiente paso es reclamar lo deseado como algo ya realizado, como algo ya tuyo, y en tu posesión. Para eso, busca un espejo grande, donde te veas de la cintura para arriba. Luego mírate directamente a los ojos, di tu nombre en voz alta repitiendo este mantra: "Yo (tu nombre), ordeno al poder inherente en mí, mantener este pensamiento, esta imagen, en concentración mental, hasta que se manifieste en mi realidad física".

Haz este ejercicio con la certeza de que tú puedes manifestar estas cosas; crea esa imagen mental de manera consistente y mantenla el tiempo suficiente.

Y así, la idea o la imagen de tu deseo quedará impresa en la Mente Universal a través de tu mente subjetiva. Y entre más clara y vívida sea tu imagen, más pronto se producirá la manifestación.

Por manifestación, me refiero a tu posesión física.

Pongamos otro ejemplo: supongamos que un hombre cuya casa está hipotecada, no tiene manera de reunir el dinero para pagar la hipoteca. Lo primero que él debe hacer es dejar de preocuparse, porque la preocupación bloquea el proceso creativo positivo. Después, mediante el proceso previamente descrito (relajación y visualización), debe usar su fuerza de voluntad manteniendo en su mente consciente la imagen de su casa ya pagada, y libre de todo tipo de deudas. Así, esta misma imagen se registrará en la Mente Subconsciente, y el poder inherente en sí mismo, causará la manifestación de los fondos suficientes para liquidar el endeudamiento.

Lo más importante que debes hacer es pensar con claridad y excluir todo lo demás. Debes tomar varios minutos para dejar que la imagen se registre en tu Mente Subconsciente, y repetir el proceso varias veces al día. Hasta que lo que tú has imaginado, ocurra, repite el ejercicio del espejo todos los días, con este mantra: "Estoy en contacto con el poder que sabe todas las cosas, y que es todo el poder que existe". "Este es el poder que está disponible para mí, lo entienda o no; y ahora sé que está funcionando en todo momento, lo use o no; y que puede proveerme de todos mis requerimientos si tan solo se lo pido". "Ahora decreto para mí el dinero necesario para satisfacer todas mis necesidades". "Mi casa ahora está libre de deudas en el reino de lo universal, y lo que existe en el reino de lo universal debe manifestarse físicamente en el reino material. Porque como es arriba es abajo, y como es adentro es afuera".

Tú no debes preocuparte por el cómo se te presentarán las cosas, personas o circunstancias para manifestar tu deseo; tú solo debes hacer todo lo que te toca hacer a ti y hacerlo lo mejor que puedas, y con la certeza de que la mente divina sabe las actividades necesarias para la manifestación de lo que deseas.

Ahora, esto es muy importante: debes tener la convicción, la certeza de que tú posees un poder inherente capaz de hacer que la visualización se manifieste; porque si no tienes esa certeza, si no te crees merecedora, entonces solo estás perdiendo tu tiempo. Debes tener la absoluta convicción, la absoluta certeza de que tu deseo ya viene en camino, que de hecho ya es una realidad, que ya es tuyo en virtud del poder creativo otorgado a ti por tu Creador.

También debes saber que simplemente sentarte cruzada de brazos e imaginar lo que desearías tener, no es suficiente, y que solo hacer eso no te producirá ningún resultado. La idea o el pensamiento por sí solos no hacen un trabajo creativo, a menos que haya detrás un fuerte poder de motivación del pensamiento. De lo contrario, todo lo que una persona tendría que hacer sería desear algo. No funciona así.

A veces, una persona desea algo con un deseo tan abrumador que, inconscientemente, forma una imagen mental, la cual se manifiesta de tal manera que se acerca a la cosa deseada. En un sentido, el pensamiento se manifestó, pero esa idea no se manifestó sola. Cada pensamiento consistente siempre impresionará al subconsciente, y este está obligado a impregnar esa imagen en la gran Mente Universal, y encarnar ese deseo en materia física.

Esa es la razón principal por la que algunos seres humanos tienen éxito, mientras que otros fracasan miserablemente.

Quizá te puedes preguntar ¿cómo sabe la Mente Universal cuáles deseos cumplir y cuáles ignorar, para que haya exitosos y fracasados? Y la respuesta es que: la Mente Universal no decide cuál deseo cumplir y cuál negar. En vez de eso, los concede todos.

Algunas personas excepcionales saben exactamente lo que desean, y lo logran como por arte de magia. Sin embargo, las masas ignoran esto, y mientras lo ignoren, seguirán siendo las masas. Y tú ahora sabes algo que las masas ignoran, y esto es que: La mente inconsciente no entiende palabras ni lenguaje, la mente inconsciente solo entiende imágenes y emociones. ¿Vez ahora por qué muchas de las plegarias son ignoradas?

Esto es muy importante:

es la imagen y la emoción que se le ponga a un deseo, lo que hace que se registre en la mente inconsciente.

Tomemos en cuenta que tu mente inconsciente tiene algunas limitaciones físicas en nuestro plano de existencia. Ya que todas las cosas son posibles para la Mente Universal, el poder de expresión individual de esa Mente Universal -tu mente inconsciente- es limitado solo por las condiciones arbitrarias de tiempo y espacio, fuerza y otras leyes físicas y naturales bajo las cuales tú, como un ser humano, estás limitada. Por ejemplo, tu mente subjetiva, incluso con todos sus poderes y virtudes, no puede hacer que te eleves de la silla donde estás sentada, y flotes en el aire; no puede hacerte crecer un centímetro, de forma instantánea; ni te permite rascarte el codo derecho con la mano derecha. Todas esas cosas son físicamente imposibles en nuestro arbitrario mundo de tiempo y espacio. Pero, como tu mente subjetiva tiene acceso a la gran potencia de la Mente Subjetiva Universal, puede hacer cualquier cosa que no esté prohibida por las leyes humanas del tiempo y el espacio. Para ser más específicos, puede hacer que tu cuerpo sea fuerte y sano; puede atraer a tu vida la clase de compañero/a que desees, puede hacerte un ciudadano contribuyente en tu comunidad, con la debida compensación por tus servicios. En pocas palabras, puede hacerte un ser humano feliz y exitoso.

¿Y cómo lo hace? Pensé que nunca me lo preguntarías. Pues bien, eso exactamente será lo que veremos en los próximos capítulos. Pero, nuevamente te recomiendo que no continúes al siguiente capítulo, hasta que te quede claro lo que hemos cubierto en este y los capítulos anteriores.

¿Puedes ver que en verdad eres una individualización de la Mente Universal? ¿Puedes entender que esta se manifiesta en ti a través de tu mente subjetiva? ¿Entiendes por qué esta mente subjetiva puede lograr cualquier cosa por ti, siempre y cuando no esté en oposición con las leyes de nuestro mundo físico? Y finalmente, ¿recuerdas que tu mente subjetiva está bajo el control de tu mente objetiva, lista para ejecutar tus órdenes hasta en el último detalle?

Si has llegado hasta aquí sin atrasarte en tu entendimiento, ahora estarás lista para dar el paso más importante en tu vida. Aunque de hecho, conociéndote, es probable que te me hayas adelantado y lo hayas hecho ya.

Veamos.

CAPÍTULO V

Viendo Más Allá de las Partes

Veamos ahora un breve resumen de lo que hemos hablado hasta ahora. Y es que:

(a) Nada en este mundo está separado. Todas las cosas, por virtud de una ley divina, están entrelazadas. En otras palabras, de acuerdo con lo que llamamos Mente Universal, todo es parte de una unidad. La aparente separación es solo una ilusión de los sentidos.

(b) Cada uno de nosotros somos una expresión individualizada de esa Mente Universal, que funciona tanto a nivel externo -a través de la mente objetiva- como a nivel interno -por medio de la mente subjetiva-. La subjetiva y la objetiva son dos matices de una misma mente, pero funcionan de diferente modo debido a su naturaleza.

(c) Tu mente objetiva, cuyas habilidades son limitadas por tu experiencia, criterio y mentalidad, se ocupa a nivel externo en este mundo, y tiene un poder limitado. La mente subjetiva se encarga a nivel interior de todas las actividades vitales, dando origen a la vida desde el verdadero origen de todo, lo cual significa que tiene acceso a un poder infinito.

(d) A pesar de la extraordinaria diferencia de sus respectivos poderes potenciales, la mente objetiva puede controlar a la mente subjetiva, darle órdenes y programar sus actividades, poniéndola así a trabajar para ti, a través de una cooperación consciente con tu mente subjetiva. Se ponen en marcha fuerzas infinitamente mayores de las que tu comparativamente débil mentalidad consciente puede comandar por sí sola.

Si todo lo anterior no lo has entendido hasta ahora, el resto de la información que tengo para ti sería totalmente una pérdida de tu tiempo; así que: o repasas lo que ya hemos cubierto, hasta que lo entiendas, o mejor deja aquí el audio (la lectura) y ponte a ver tu deporte o novela favoritos, porque eso significa que tú aún no estás preparada para esta información.

Pero, si has repasado y comprendido los capítulos anteriores, es momento de continuar.

El siguiente paso en nuestra jornada es: entender cómo lo objetivo puede controlar lo subjetivo, en nuestra vida.

Y cómo conscientemente podemos crear a voluntad circunstancias favorables. Ahora te pregunto ¿qué pude ser más importante que conscientemente saber esto?

Verás, a través de tus cinco sentidos puedes distinguir los objetos de tu mundo visible, de acuerdo con lo que llamas "forma". Cuando miras un cuadro o un paisaje, por ejemplo, ves la forma de este por medio de tus ojos y tu cerebro. Y si cierras tus ojos, puedes preservar esa imagen con una "imagen mental" de lo que has visto. Sin embargo, la imagen que ves con tus ojos y luego reproduces en tu imaginación, es la imagen de algo que ya existe. Es el resultado de una actividad creativa previa. Ahora nos acercamos al punto clave sobre el cual hemos estado trabajando desde el comienzo de este audio (libro).

Cuando conscientemente creamos situaciones, invertimos el proceso de la visión física. Entonces, en lugar de ver mentalmente una imagen de algo que sabemos que ya existe físicamente, utilizaremos ahora este inmenso poder que está dentro de nosotros, para impresionar a nuestra mente subjetiva individual, con la imagen de lo que queremos ver manifestado físicamente. Así de simple. Y dije simple, no fácil...pero sí totalmente posible.Dijimos que cuando observamos una imagen o un paisaje, primero lo vemos con nuestros ojos, luego lo vemos en nuestra imaginación. Ahora planteemos la situación a la inversa. Tu labor es: conscientemente crear situaciones, circunstancias favorables de lo que deseas, primero en tu imaginación, y después ver esa forma con tus ojos físicos una vez que se haya externalizado. ¿Recuerdas que toda la creación siempre inicia primero en la imaginación? Para manifestar cualquier cosa físicamente, primero se debe crear una vívida imagen en la mente, darle color, sabor, movimiento y acción. Esa es nuestra labor; luego, el Universo hará la suya; y lo que uno ha imaginado, forzosamente debe manifestarse físicamente ante nuestros ojos, a su debido tiempo. Esa es la ley.

Dicho en otras palabras, para poder crear circunstancias favorables en tu vida, requieres primero conscientemente impresionar tu mente subjetiva con esas imágenes; una vez que estén claras en tu imaginación, tu mente subjetiva está forzada a manifestarlas en tu mundo físico. Y esta lo hará 100% de las veces.

No me creas, haz la prueba, no tienes nada que perder, pero sí todo lo humanamente posible imaginable por ganar.

Tristemente, este es un conocimiento revolucionario, y se estima que el 99.999% de la humanidad no lo sabe. Dato interesante, ¿cierto?

Ahora, ¿cómo puedes tú revertir un proceso natural y esperar obtener resultados deseables? Bueno, tú ya lo estás haciendo con otros procesos naturales. Puedes hacer que tu automóvil se mueva de reversa, aunque usualmente se mueve hacia adelante. Puedes hacer que un motor eléctrico ponga en marcha una máquina a vapor, cuando por lo general sucede al revés. Incluso, el mismo Sol convierte el día en noche, y luego la noche en día. Por lo tanto, también tú, hija del Sol, puedes convertir tu oscura noche de problemas, frustraciones, carencias y limitaciones, en un glorioso día de logros, alegría, prosperidad y felicidad, invirtiendo tu proceso habitual de pensar.

¡No aceptes como verdadero todo lo que vean tus ojos! Mejor decide tú misma lo que verás con ellos. Tú puedes lograrlo, y te será más fácil si sigues las instrucciones dadas en este (libro) audio.

Pero, por sobre todas las cosas, es de primordial importancia saber con exactitud lo que realmente deseas ser, hacer o tener. La gran mayoría de la humanidad fracasa miserablemente en la vida simplemente por no saber esto. Y se estima que 100% de las personas que saben exactamente lo que desean, pueden lograrlo. He ahí la importancia de tener un claro y específico entendimiento de lo que deseas, antes de conscientemente comenzar a crear circunstancias favorables en tu vida.

Así que, de aquí en adelante, cuidado con tomar decisiones apresuradas. La realidad es que no puedes darte el lujo de apresurarte cuando estás lidiando con una fuerza infinita. Y, si insistes en hacerlo, atente a las consecuencias. Porque seguramente fracasarás en tus intentos, pues ya debe quedarte claro que lo finito no puede apresurar al infinito.

Digamos ahora que ya tienes un deseo específico que deseas realizar, eso significa que ya está listo para ser llevado a la Mente Universal para su manifestación.

Pero ¿exactamente, cómo puedo hacer eso? Te preguntas.

Bueno, pues para eso compraste este audio (libro), ¿verdad?

Verás. Todos los seres humanos tenemos la facultad de la imaginación, que según Albert Einstein, es mucho más importante que el conocimiento.

La imaginación de cada individuo varía en grados y niveles dependiendo del temperamento, la vocación y el estado evolutivo del mismo; sin embargo, donde existe consciencia humana existe también algún grado de imaginación. Consecuentemente, cuando tienes un deseo específico y bien definido, automáticamente formas una imagen mental de lo que este representa. Aunque esta imagen sea incompleta por ahora, necesitará del uso de tu facultad de la imaginación para su manifestación.

Una vez que te hayas convencido de que tu deseo es digno y valioso, que no implica ningún daño o perjuicio a terceros y que te proporcionará un beneficio a ti y a todos los demás involucrados, entonces usa tu imaginación al máximo para perfeccionar y definir tu deseo, y crear así una imagen perfecta y bien definida de lo que deseas, pero no como esperas que sea en el futuro, sino como si ya fuese una realidad ahora mismo. Este es un punto muy importante: obsérvate dentro de esa imagen, haciendo exactamente lo que harías si esta imagen ya se hubiera externalizado en tu realidad física. Mantén esa imagen mental el más tiempo posible. Concéntrate en completar la imagen, ponle emoción, sabor, color, olor... Hazla lo más real posible. No te esfuerces ni intentes desear fervientemente que exista. Solo mantén la imagen en tu mente, piensa en ella de forma objetiva tan frecuentemente como tus actividades te lo permitan.

¿Qué estás haciendo, en realidad? Claramente, estás utilizando tu mente objetiva para decidir lo que deseas, y forjándote una imagen perfecta de ese deseo como algo ya manifestado en tu vida.

Mucha gente llega hasta este punto. Pero aquí es donde unas 999 de cada mil personas se equivocan. Y eso es porque esas personas creen que la mente objetiva, con su limitado conocimiento y poder, puede realizar el resto del trabajo, el cual por derecho le corresponde a la mente subjetiva, la cual tiene acceso directo al ilimitado conocimiento de la Mente Universal.

Muy bien, sigamos con el proceso. Una vez que tú hayas creado tu imagen objetivamente, suéltala, ya no pienses en ella, dale un descanso a tu corta y agotada mentalidad consciente. Simplemente, el resto del trabajo ya no te pertenece a ti. Le pertenece a una fuerza superior a ti. Le pertenece a la Mente Universal.

Otra cosa que debes tomar en cuenta: cuando pidas algo, no lo hagas como una súplica o con la esperanza de que se te conceda. Cuando pidas algo, demándalo con una fe plena de que ya es tuyo. Con una fe nacida del conocimiento de que tu imagen ya ha sido sembrada en tu Mente Subconsciente, y que, por ley, esta está obligada a encarnar tu deseo en el plano físico. Y ¿por qué debes tener esa fe? Porque si mantienes en mente tus imágenes, se manifestarán en situaciones reales en tu vida diaria.

¿Cuáles, entonces, son los mecanismos de este proceso? Retrocedamos un poco. Ya dijimos que la mente objetiva puede controlar a la mente subjetiva. Eso significa que una imagen creada por la mente objetiva puede grabarse en la mente subjetiva como una orden que debe cumplirse.

El hipnotizador, como ya vimos, le ordena al inconsciente de la persona que tiene bajo su control, que ladre como un perro, y el sujeto ladra como un perro.

Tu mente inconsciente –o mente subjetiva- recibe órdenes de la mente consciente -o mente objetiva-, por ejemplo: sanar tu cuerpo, ganar dinero o lo que sea; una vez que tu mente subjetiva acepta la orden, inmediatamente se pone a trabajar en ella.

¿Qué herramientas tiene la mente subjetiva para hacer su labor? La respuesta es: todas las herramientas conocidas y desconocidas del Universo, ya que ella es tu vínculo personal con la mente subjetiva Universal que lo sabe todo, observa todo y lo puede todo. Ella hará todo lo que le ordenes, porque es impersonal, y no tiene voluntad propia; del mismo modo que una presa no puede negarse a que el agua salga de ella cuando le abren una compuerta.

Por lo tanto, puedes descansar confiada en que tu orden se cumplirá, que tus imágenes se materializarán, que las situaciones que visualices sucederán físicamente con la misma certeza como que tú ahora estás escuchando (leyendo) estas palabras.

Porque, como afirmaba Disraeli: "El hombre no es una criatura de las circunstancias. Las circunstancias son las criaturas del hombre".

Ahora, a estas imágenes mentales las llamaremos "pensamientos-forma", porque son reales en el mundo del pensamiento. Tú debes decidir objetivamente lo que deban ser; y subjetivamente, trabajar para realizarlas. Pero no confundas estos dos términos. Deja que cada faceta de tu mente lleve a cabo el trabajo que le corresponde. Los modos y los medios para hacerlo vendrán a su debido tiempo.

CAPÍTULO VI

La Llave para Reprogramar tu Realidad

Voy a suponer que ya decidiste sobre un deseo específico basado en lo que consideras que te falta en la vida para completar tu felicidad, y que ese deseo ha sido formado en tu imaginación como un definitivo pensamiento-forma.

Muy bien, ya tienes ese pensamiento-forma firme en tu imaginación. La pregunta ahora es: ¿cómo puedes impresionar este pensamiento-forma sobre tu mente subjetiva?, porque es ahí donde el verdadero trabajo inicia. Y la respuesta es: debes "hablar" con tu mente subjetiva, y debes hablar con ella como si estuvieras hablando directamente con un individuo. Algunas personas encuentran útil dirigir su conversación hacia el plexo solar, porque el plexo solar (o el centro de su mente subjetiva) es su conexión individual con la Mente Universal.

Para nosotros, en nuestro mundo físico, lo más importante en el Universo exterior es el Sol, porque es el dador de vida, centro de nuestro Sistema Solar. Y en el ser humano, el Sol dador de vida es el plexo solar. Algunos llaman al plexo solar el "cerebro abdominal", ya que representa la sede de actividades que se realizan independientemente del cerebro consciente.

Cuando hables con tu mente subjetiva, puedes hacerlo mentalmente cuando hacerlo en voz alta pudiera ser inconveniente. Pero cuando estés sola o te sea posible, hazlo en voz alta, así tendrás una mejor cristalización de tu pensamiento-forma.

Recuerda que todas las respuestas están en el silencio, así que es muy importante que practiques la meditación, que tengas un santuario, donde puedas estar tranquila y sin ser molestada, y ahí, crear tus pensamientos-forma, para después mandárselos a tu Mente Subconsciente. En la oscuridad de tus ojos cerrados, trata de sentir vívidamente aquello que no puedes ver con tus ojos físicos, es decir, el cuerpo sutil de la Mente Universal fluyendo a través de tu organismo.

Capta la verdad de la afirmación bíblica: "En Él vivimos, nos movemos y tenemos nuestro ser". Porque es un hecho científicamente exacto. De no ser así, simplemente no existiríamos.

Si al inicio no puedes sentir nada específico, por lo menos entra en un estado mental donde puedas aceptar lo no visto, lo no sentido, lo imperceptible, pero que tú sabes que es una verdad incontrovertible. Luego, con tus ojos cerrados, lleva la imagen de tu pensamiento-forma a la mente y, describiéndola con claridad, conversa con tu mente subjetiva, y recuerda que debes hablarle como lo harías con un niño de tres años.

Dile algo así: "Es mi deseo y voluntad que actúes en este proyecto mío, esto es algo digno para mi beneficio y el de todos los demás involucrados". "Deseo estar en perfecta armonía con toda la actividad creativa". "Sé que tienes el poder para hacer lo que te ordeno a través de tu conexión con la todo poderosa Mente Universal; también sé que ya lo estás haciendo, y te agradezco por escucharme".

También recuerda siempre la importancia del agradecimiento. Jesús lo decía constantemente: "Te agradezco, Padre, porque tú me escuchas".

Todo lo que vale la pena tener, vale la pena agradecer.

Entonces, tu Mente Subconsciente, al ser una función de la mente subjetiva Universal, impregna la imagen que a su vez tú has impregnado en el cuerpo de la Mente Universal; y por la Ley de Atracción, los elementos necesarios para la manifestación de tus pensamientos-forma se irán acumulando.

Para decirlo de otra manera, el pensamiento-forma se manifiesta físicamente porque este modelo de forma mental debe construir un conjunto de las circunstancias correspondientes en el mundo de la materia.

Ya dijimos que tu mente subjetiva impresiona la imagen que se ha impregnado sobre el cuerpo íntegro de la Mente Universal. Ahora veamos este ejemplo: imagina que tienes una taza llena de líquido con un ácido muy fuerte, digamos que es ácido sulfúrico; tú sabes que en cualquier parte del recipiente, ese ácido es igual de potente. Si sumerges una astilla de madera en cualquier parte de la taza, el ácido la quemará. La astilla no tiene contacto con todo el ácido al mismo tiempo, sin embargo, todo el poder del ácido está presente en cualquier punto de contacto. Si sumerges en el ácido otra astilla al mismo tiempo en otro punto, obtendrás el mismo resultado.

Lo mismo sucede con la Mente Universal. Todo el poder de esa Mente Universal se encuentra en cualquier punto en el cual pueda ser tocada, y los resultados en un punto, serán los mismos en cualquier otro punto. El ácido es igual de fuerte en cualquiera de los puntos en los que pueda ser contactado, incluso si muchos puntos son contactados al mismo tiempo. Y exactamente así sucede con la Mente Universal.

Otra cosa que debes recordar: cuando converses con tu mente subjetiva, nunca intentes decirle lo que tiene que hacer o cómo haga las cosas para cumplir tu orden. Ella sabe mucho más de lo que tú posiblemente te puedas imaginar, así que déjala hacer su parte, tú solo enfócate en hacer la tuya.

Haz tu pedido lo más simple, claro y específico posible. Cuanto más clara y simple sea la orden, más rápido lograrás los resultados. No le pongas límites de tiempo a tu mente subjetiva. No estipules cómo o a través de qué medios, tu dinero, tu amistad, tu trabajo y todas las demás cosas llegarán a ti. Tu labor es mantener clara en tu mente la imagen de lo que deseas; los detalles se irán dando por sí solos y a su debido tiempo. Lo más importante de recordar durante esta etapa es la necesidad de una FE absoluta.

No estamos hablando de curaciones milagrosas "por fe", ni nada de eso. Lo que estás aprendiendo aquí, está basado en ciencia y estudios. Pero tampoco te estoy diciendo que no tengas fe, porque la fe sí tiene un rol muy importante en muchas de las experiencias humanas.

Por ejemplo, si le pides a un amigo que haga algo por ti, y luego comienzas a cuestionarte si tendrá la habilidad suficiente para ello, si dudas que pueda hacerlo, ¿cuánto crees que tu amigo haría por ti, si él supiera lo que tú sientes respecto a él?

Bueno, pues lo Universal conoce mucho más sobre cómo te sientes tú, que lo que cualquier otro ser humano podrá saber jamás. Y esto es así porque tú eres una individualización de lo Universal; entonces, inconsciente y automáticamente le comunicas todos tus estados mentales. Por lo tanto, nunca debes dudar de su habilidad para concederte todos tus deseos, no importa si en tu opinión estos son demasiado pequeños o grandes.

¿Me preguntas si realmente será posible impregnar una imagen de tu deseo o pensamiento-forma en la Mente Universal? Mi respuesta es: ¿acaso no sabes que la capacidad de impregnar pensamientos de una mente a otra mente ha sido demostrada científicamente una y otra vez?

En este capítulo no estamos tratando con las complejas facultades de los seres humanos, sino con el medio todo poderoso de la Mente Universal, sobre el cual han sido impregnados todos los pensamientos de todos los individuos a través de todas las eras. Y como puedes comprender, la técnica que te he compartido es realmente simple. Ahora bien, los resultados que tú obtengas dependerán en su totalidad de tu actitud mental y la fe espiritual que puedas desarrollar. Pero no te preocupes por los resultados, ellos vendrán solos de acuerdo con tu habilidad para contactarte con la Mente Universal con una actitud positiva y fe verdadera.

Piénsalo: si debes tener fe en tu prójimo para sacar lo mejor de él, ¡cuánta más fe deberías tener en el poder oculto que es el Creador de todos nosotros!

Muy bien, veamos si podemos hacer todo esto más práctico, con otro ejemplo. Y hasta donde yo sé, esto fue logrado por medio de lo que hemos estado hablando aquí, o sea, de la creación consciente de las circunstancias deseadas.

Un hombre deseaba vender su casa. Esto ocurrió en medio de la lamentable depresión de bienes raíces en California, en años pasados. Naturalmente, las posibilidades de vender su casa parecían remotas, de acuerdo con las estadísticas comerciales del momento. Las casas simplemente no se estaban vendiendo.

Ese hombre sabía que la cosa no sería fácil. Pero él sabía que necesitaba vender su casa. ¿Qué hacer? Antes que nada, hizo lo que pudo con su mente objetiva. Puso su casa en manos de tres agentes de ventas de casas. Eso es lo que hubiera hecho cualquier otra persona interesada en vender su propiedad; aun así, este hombre sabía que eso no sería suficiente, él sabía que debía hacer cosas diferentes si deseaba vender su casa. Así que este hombre conscientemente construyó en su imaginación una vívida imagen de su casa ya vendida. Nota que él no se imaginó los detalles de la venta o el tipo de persona que la compraría, sino simplemente fijó una imagen del hecho ya consumado: Él vio claramente sus maletas ya empacadas, vio cómo llegaban los camiones de la mudanza, vio a los hombres cargando cajas, se pudo ver a él mismo alejándose en su auto, diciéndole adiós por última vez a su casa, con su mano. Pudo visualizar todo en tiempo real como si estuviera pasando, como si ya fuera un hecho. Se concentró tanto en esa imagen, que comía y dormía con ella.

Más allá de su acuerdo con los agentes inmobiliarios, hizo poco por vender su casa con su mente objetiva, pero su mente subjetiva, o más bien la mente subjetiva Universal, estuvo todo el tiempo ocupada en este proyecto, aceptando la orden y llevándola a cabo.

Durante ese mes, en su comunidad se pusieron en venta docenas de casas. Pero solo se vendieron dos, y una de ellas fue la de este hombre. Y quiero que sepas que su pensamiento-forma se materializó hasta en el último detalle, incluyendo el adiós a su casa cuando se alejaba en su auto.

Creo que el punto ha quedado claro. Podría darte muchos ejemplos más, pero pienso que con esto es suficiente. Por ahora te diré que el 99% de las personas, ya sea por ignorancia o por falta de fe, utilizan un martillito de plástico, un juguete de niños, para impresionar sus deseos, cuando en realidad tienen a su disposición un marro de diez kilos. Ponen a funcionar un motorcito eléctrico de juguete detrás de sus ambiciones, cuando realmente tienen a su disposición una gigantesca turbina. En otras palabras, usan sus confundidas, aturdidas y débiles mentes objetivas, mientras podrían aprovechar los infinitos recursos de la mente subjetiva Universal.

Tengo una pregunta. ¿Por qué será que tanta gente persiste en permanecer en la oscuridad? Es porque simplemente ignoran la ley. La ley es simple, positiva y firme cuando dice: *"Pide y se te dará. Busca y encontrarás. Toca y se te abrirá"*.

Ahora tú ya sabes cómo hacerlo. Sí, TÚ. Te estoy hablando a ti, estas palabras son para ti.

Escúchame, miles de personas antes que tú ya han comprobado esta verdad. Ahora es tu turno, y ahora ya sabes exactamente cómo hacerlo, sin embargo, tu vida no va a cambiar solo porque ya sabes qué hacer…Tu vida cambiará cuando HAGAS lo que sabes que debes y puedes hacer.

Yo estoy haciendo mi parte; el resto únicamente depende de ti.

CAPÍTULO VII

El Arte de Crear tu Futuro

Antes de continuar con este estudio, examinemos un poco más de cerca los medios que utiliza tu pensamiento-forma, pues, correctamente estampado en la Mente Universal, se materializará en objetos físicos en tu vida.

Ya lo dijimos antes, pero no está de más que le demos una estudiadita más a fondo para entender mejor la gran Ley de Atracción, de la cual tus pensamientos-forma dependen.

Verás: "los opuestos se atraen" y "los iguales se rechazan", es una ley física. En otras palabras, estamos hablando de la ley que expresa los opuestos. Podemos apreciar esta ley más claramente con la electricidad y el magnetismo, pero si observamos cuidadosamente, veremos que esta ley opera en todo el dominio de la naturaleza.

Observemos ahora cómo hacemos que esta ley opere de acuerdo con nuestros deseos legítimos expresados en pensamientos-formas. La sustancia universal manifiesta las dos polaridades de materia y espíritu, y como consecuencia, las formaciones en los mundos mentales y espirituales invisibles buscan expresión física en el mundo material visible. En su búsqueda de expresión, las fuerzas de la naturaleza generan y desarrollan una tremenda actividad, y esta actividad es la causa de toda la acción y reacción, instando y restringiendo todo lo positivo y negativo, en el cosmos. Y eso produce el fenómeno que comúnmente llamamos "vida".

Este principio es válido en cuanto a tu pensamiento-forma. Primero, lo desarrollas en el invisible plano interior; después, el pensamiento-forma, que es la polaridad positiva, busca la polaridad negativa o expresión material de sí mismo.

Todo lo que es visible en el mundo material en el que vivimos, es la expresión de la actividad de los arquetipos invisibles de los mundos internos. Si alguna vez has visto cristales de hielo formarse en el vidrio de una ventana durante un clima frío, es una buena ilustración del equilibrio que mantiene la naturaleza.

Tu pensamiento-forma funciona exactamente de la misma manera. Tu pensamiento-forma es tan complejo que necesariamente incluye una amplia gama de materiales constructivos, y posiblemente también la participación de otras personas; y es requerido mucho tiempo para que las actividades operativas puedan reunir todos los elementos necesarios en una realización visible. Pero, sin duda, la manifestación vendrá si eres paciente y persistente. Líneas de fuerza irradiarán hacia fuera de tu creciente pensamiento-forma; al igual que las pequeñas raíces irradian hacia fuera de la planta o arbusto en su rápido crecimiento.

La cantidad de tiempo necesario para la manifestación de tu pensamiento-forma dependerá de su naturaleza, si es simple o complejo, si depende solo de ti o si involucra a otras personas, si los obstáculos a superar son fáciles o difíciles, muchos o pocos.

Los dos factores del pensamiento-forma y la Ley de Atracción, son las herramientas principales de trabajo del científico moderno, y de ellos dependen los sorprendentes fenómenos de la metafísica, la psicología y la ciencia mental.

Hay una analogía interesante y verdadera entre el funcionamiento del pensamiento-forma y el crecimiento de una planta, que te ayudará a comprender este importantísimo punto del porqué los pensamientos-forma se hacen realidad. Digamos que deseas plantar una pequeña semilla en un suelo fértil. ¿Qué se supone que debes hacer antes de plantar esa semilla? Bueno, si sabes algo sobre asuntos de sembrar semillas, debes saber que primero se requiere limpiar el terreno, quitando piedras, maleza y basura de tu jardín. Y por supuesto, seleccionar cuidadosamente la semilla, estudiando los diferentes grados o marcas ofrecidas, para conseguir la hermosa flor que deseas. Después de plantar la semilla, debes asegurarte de que tenga las condiciones adecuadas para su crecimiento y desarrollo, incluyendo la humedad y los nutrientes requeridos para su desarrollo. En la oscura tierra, los procesos creativos de la naturaleza -que no se pueden ver- están llevando la semilla a su gestación, y pronto vendrá el día en que asome el brillante brote verde por encima del suelo. La luz del sol, la humedad, el aire y la inexistencia de perturbaciones, con el tiempo llevarán la planta a su pleno crecimiento, y finalmente, la hermosa flor extenderá su fragancia para tu disfrute y el de los demás.

Es evidente que la semilla es el pensamiento-forma; tú seleccionas cuidadosamente tu pensamiento-forma, para asegurarte de que es lo que realmente deseas. Luego preparas el terreno para tu pensamiento-forma con la limpieza de las piedras de la envidia, los celos, las malas hierbas de la pereza, el descontento y la basura de las creencias limitantes. Al hacer esto, estás estampando tu pensamiento-forma en la Mente Universal, lo cual es igual a plantar la semilla en la tierra fértil con cuidado y seriedad. Después, así como no molestas a la semilla una vez sembrada en la tierra, tampoco debes perturbar tu pensamiento-forma dudando de su poder, o preocuparte con los detalles de cómo se manifestará. Y así como los poderes invisibles de la naturaleza causan que la semilla germine, igualmente, los poderes invisibles de la Mente Universal causarán que tu pensamiento-forma "brote" y se manifieste físicamente.

Tu labor es cooperar con la naturaleza, proporcionando humedad y, posiblemente, fertilizantes para la semilla; asimismo, cooperar con la declaración universal, proporcionando un ambiente tranquilo en la meditación, con la certeza de que tu pensamiento-forma brotará, se manifestará en tu realidad. Así, en el tiempo adecuado, inevitablemente se hará visible el primer pequeño brote de tu pensamiento-forma, es decir, el primer resultado concreto del mismo, aparecerá en tu vida. Gran día será ese, porque a partir de entonces, si continúas ayudando con las aguas vivificantes de la meditación, y animando con la expectativa soleada de tu imaginación, seguramente tu pensamiento-forma seguirá creciendo, y tarde o temprano, va a estar expuesto en tu vida como un hecho ya consumado. Y, como al admirar la flor, se alegrarán los demás por tus logros, pero no más que tú mismo.

Los pensamientos-forma son tu trabajo; y al igual que la semilla, son la forma más milagrosa de la manifestación. Porque ambos están basados en la Ley de Atracción.

Piensa cuán grande fue el asombro del primer hombre que plantó una semilla de trigo, y más tarde la vio crecer hasta convertirse en una planta que entonces pudo nutrirlo. Seguramente, ese hombre requirió de una fe real para esperar que la planta creciera, cuando no había resultados evidentes de crecimiento inmediato. Tú vas a requerir de la misma fe al plantar tu pensamiento-forma, al menos hasta que te convenzas por experiencia propia de que estos brotan, y que tarde o temprano, se manifestarán. Esta fe es la única cosa que debes tener.

Ya hemos visto la base lógica para ello en esta explicación de la Ley de Atracción. Este requisito fundamental, la creencia del individuo, está bien resumida en las palabras del Maestro, cuando dijo: *"Por tanto, les digo, que todo lo que pidan o deseen cuando recen, crean que ya lo tienen y lo recibirán"*.

Ahora, es entendible que nos resulte difícil creer que ya tenemos algo, cuando nuestros sentidos nos dicen lo contrario. Sin embargo, creer es absolutamente necesario para la persona que busca el éxito a través de la utilización de formas de pensamiento. Ciertamente, parece como "poner el carruaje en frente del caballo"; sin embargo, es bastante sólido. Y de la medida en que podamos llevar nuestra consciencia a la comprensión y la aceptación de esta verdad, dependerá que nuestros resultados sean exitosos o no.

Veamos otra ilustración para aclarar el punto. Cuando capturamos una fotografía de un paisaje con nuestro teléfono inteligente, instantáneamente inmortalizamos ese momento y lo almacenamos en la nube digital. Y, aunque el paisaje pueda cambiar con el tiempo debido a las estaciones o a la intervención humana, esa imagen específica permanece intacta y accesible desde cualquier dispositivo, lista para ser compartida o revisada en cualquier momento. De la misma manera, cuando grabamos nuestras ideas o impresiones en el vasto y eterno espacio de la Mente Universal, estamos dejando una marca indeleble que trasciende el tiempo y el espacio. Estas "impresiones digitales" de nuestros pensamientos y deseos, se almacenan en un medio intangible, al igual que nuestras fotos en la nube. Y permanecen inalterables, como una huella accesible en el futuro eterno. Nunca pueden ser destruidas, y, puesto que la Mente Universal es eterna, tu pensamiento-forma también es imperecedero. Con el infinito y eterno, saber y actuar son una y la misma cosa.

Por lo tanto, puedes estar segura de que lo que tú has solicitado, ha llegado, ya es una realidad; y puedes creer lógicamente que lo has recibido.

Por lo tanto, puedes estar segura de que lo que tú has solicitado, ha llegado, ya es una realidad; y puedes creer lógicamente que lo has recibido.

CAPÍTULO VIII

El Ciclo de Dar y Recibir

Cuando tú personalmente empiezas a estudiar el uso de los pensamientos-forma, y comienzas a hacerlos parte de tu equipo mental, moldeando las circunstancias conscientemente, estás dando un gran paso hacia adelante –tal vez el paso más significante que tomarás en toda tu vida.

Entonces habrás comenzado a dar los primeros pasos en el kínder de la creación consciente. Naturalmente, al principio vas a trastabillar y caerte, probablemente hasta llorar un poco, pero vas a intentarlo una y otra vez hasta que, tarde o temprano, lograrás dar firmemente esos primeros pasos.

Te prometo que pocas cosas en la tierra se comparan a la alegría que se obtiene de aprender esa primera lección.

Cuando sabes que este maravilloso poder es tuyo, primero, cantarás de alegría; después, sabrás que todas las cosas en el cielo y la tierra son tuyas y están a tu disposición. Que tú misma puedes resolver todos tus problemas, sean los que sean. Que dentro de ti ya tienes la semilla de tu propio éxito.

Esto puede sonar exagerado si no has aprendido esa primera lección. Aun así, yo conozco personalmente a muchos hombres y mujeres que con solo un equipo mental promedio han aprendido esta lección. Y, una vez obtenida, ya nunca se olvidará, no importa qué tan lentamente o con cuántas dificultades sean aprendidas las lecciones futuras.

El hecho de que estés (escuchando) leyendo estas palabras y pensando en estos misterios -porque son misterios-, demuestra que personalmente estás avanzando en la vanguardia de tu evolución, porque realmente muy poca gente sabe del poder de los pensamientos-forma.

La naturaleza nada desperdicia. Si no te has ganado el derecho de aprender acerca de los pensamientos-forma, entonces nunca sabrás de ellos. Si aún no has llegado al punto donde puedas aceptar este grandioso poder y usarlo, entonces no lo tendrás.

El hecho de que tú estés (escuchando) leyendo estas palabras, de que sepas de esta dínamo de vida, es prueba que tienes derecho a usar su poder. Ahora, que lo uses o no, ya depende únicamente de ti.

"Muchos son los llamados, pero pocos los elegidos".

Eso, mejor debería decir: "A muchos se les dice, pero pocos lo eligen".

Yo no te estoy preguntando si quieres este poder, ni te insto a que lo aceptes. De hecho, te advierto que si intentas usar este poder para fines malignos, te arrepentirás el resto de tu vida, porque te dañará a ti enormemente.

Si tú decides usar los pensamientos-forma para bien, no tengas miedo de que tu forma o tu método sean incorrectos. Eso no te dañará. Lo peor que puede pasar es no obtener resultados positivos, pero eso en sí no te causará daño alguno. Solo asegúrate de que tus pensamientos-forma no tengan intenciones de lastimar a otra u otras personas, porque eso, invariablemente reaccionará contra ti de forma poco agradable, como lo veremos más adelante.

Este es el verdadero significado de "Echar tu pan sobre las aguas". El cual, luego de varios días, forzosamente regresará a ti.

Verás: "el pan" son tus pensamientos-forma; "las aguas" son el océano infinito de la mente subjetiva, la cual contiene todo el poder de transformar esos pensamientos-forma en condiciones terrestres reales.

Y así es como, conscientemente, tú puedes crear tu realidad. Y si me preguntaras cómo empezar a usar este vasto poder, qué tipo de pensamiento-forma configurar primero, te sugeriría esto: lo primero que debes hacer es trabajar en ti, trabajar en limpiar tu corazón de emociones negativas como los sentimientos de celos, envidias, resentimientos o amargura. Porque no se puede construir una casa nueva sin antes limpiar los escombros en el terreno. Mientras no hagas esto, todo lo que intentes, simplemente no te funcionará, porque no serás una persona "digna" de las cosas buenas del Universo. Te guste o no te guste, lo entiendas o no lo entiendas. Ahora ya lo sabes.

Entonces, cuando honestamente te sientas satisfecha de haber limpiado tu ser, tu corazón, comienza construyendo una imagen de ti misma como un agente de la Mente Universal, recibiendo inspiración de la fuente de todo poder, para tu beneficio y el de todos los demás involucrados. A algunas personas les ayuda formar una imagen donde se ven recibiendo rayos de luz y poder del Sol, y este es un buen método, porque el Sol nos bendice con mucho más que solo luz y calor.

Yo no voy a entrar en detalles particulares sobre los pensamientos-forma que tú uses; si lo hiciera, entonces serían míos, no tuyos. Así que medita sobre la idea que deseas impregnar. Déjala madurarse en tu mente, y cuando estés satisfecha con ella, adóptala definitivamente y mírala como algo ya realizado. De vez en cuando, agrégale algunos otros detalles, como se te vayan ocurriendo, pero mantén la imagen central. Concéntrate en ella cada que puedas. El punto importante para recordar aquí es la comprensión de que tú eres solo un instrumento de la Mente Universal. Un instrumento débil por el momento, tal vez, pero con la capacidad de convertirse en una persona fuerte y vibrante, que puede concebir sus posibilidades, y luego, conscientemente desarrollar los métodos para manifestarlas físicamente en el plano material, como se está instruyendo aquí.

Entonces, trabaja primero en tu pensamiento-forma básico. Por ahora no pienses en ese deseo específico en tu vida que aún no se cumple. Eso se resolverá más rápido, si primero te aseguras de alinearte con las fuerzas creadoras de la naturaleza.

Aquí, aclaremos un punto. Iniciamos este estudio diciendo que la gente exitosa tiene acceso a lo que los no exitosos ignoran, ¿recuerdas?

Y estamos hablando precisamente de los pensamientos-forma.

¿Esto quiere decir que toda la gente exitosa usa pensamientos-forma?

No necesariamente; mejor dicho, no todos los usan conscientemente. Pero aun si los usan inconscientemente, igual funcionan.

Los ingenieros eléctricos saben que una corriente de electricidad yendo en un cable, inducirá una corriente en un cable que esté a su lado, aun cuando el segundo cable no esté conectado a él o a una batería. El efecto es mínimo y no se compara a la gran corriente del primer cable, pero existe.

De manera similar, una imagen fuerte de un deseo en una mente objetiva tendrá efecto en la mente objetiva de alguien más, aunque no sea conscientemente impresionado con ese pensamiento-forma. Los resultados serán mínimos comparados con los resultados de conscientemente estampar los pensamientos-forma, pero serán medibles.

Es esta actividad inconsciente, pequeña como es, la que le ha permitido a mucha gente alcanzar el éxito, porque saben lo que quieren y lo quieren ardientemente.

Elon Musk tuvo una visión audaz de mandar naves al espacio, pero los cohetes para hacerlo eran demasiado caros. Los ingenieros que contactó alrededor del mundo, le dijeron que no era posible. ¿Y qué hizo él? Construyó sus propios cohetes; y ahora solo cuatro entidades en el planeta pueden mandar naves al espacio: China, Rusia, Estados Unidos y Elon Musk.

Napoleón dijo una vez, cuando le preguntaron sobre ciertas circunstancias: "Yo no creo en esas cosas. Las circunstancias CREAN circunstancias".

Ahora, tú también puedes CREAR tus propias circunstancias. Y si lo haces conscientemente, y eres constructiva, podrás evitar un trágico final.

El sordo Beethoven nunca escuchó sus sinfonías maravillosas, pero ¿quién duda que, con su más sensitivo oído interno, pudo escuchar sinfonías que pocos de nosotros jamás podremos escuchar? Su deseo ardiente de traer aunque fuera una pequeña parte de ellas a nosotros, ha hecho que muchos años después de su muerte, aún celebramos su nombre.

Un viejo arquitecto tuvo la idea de construir puentes después de observar a las arañas tejer sus redes. Nadie lo había pensado antes, y ahora vemos puentes por todos lados; y si observas el famoso Golden Gate Bridge de San Francisco, podrás notar en sus cables, que lo sostienen las formas de las telarañas.

Dudo que cualquiera de estos hombres exitosos haya tenido alguna concepción de los pensamientos-forma como tal; aun así, ellos lograron grandes cosas a través de los efectos inductivos de sus ardientes deseos, además, por supuesto, de su habilidad innata.

Ellos usaron pensamientos-forma, inconscientemente.

Cualquier persona con una habilidad promedio que use pensamientos-forma de manera consciente, puede crear maravillas tan remarcables en su vida como lo hicieron los grandes hombres con su habilidad superior y que usaron inconscientemente sus pensamientos-forma.

"Nada es más gratificante que iluminar el camino hacia la verdad". Dijo Michael J. Gelb.

Y el novato que empiece a usar pensamientos-forma no tendrá que esperar mucho tiempo antes de empezar a apreciar el significado de lo dicho por una de las mentes más brillantes de todos los tiempos.

CAPÍTULO IX

El Espejo de tu Vida

De nuevo te pediré ser paciente y no saltarte los detalles técnicos.

Tienes que consolidarte en una idea muy importante antes de empezar con los puntos finos. La idea en la que sugiero que te enfoques es esta: actúa diariamente con fe plena de que tu pensamiento-forma básico está funcionando. Quizás esto no te parezca tan importante, pero te puedo asegurar que lo es.

Sería fácil enumerarte aquí una larga lista de "no-hagas" en el uso del pensamiento-forma. Pero en cambio, de momento nos concentraremos en un gran HACER. Encontraremos que, por inferencia, nos proporcionará todos los "no-hagas".

Ahora (escucha) lee esto cuidadosamente: el grado de éxito que disfrutarás usando el pensamiento-forma, corresponderá exactamente con el grado en que sea constructiva tu actitud habitual hacia la vida. ¿Por qué? Porque tu actitud habitual hacia la vida refleja tu pensamiento-forma real subyacente. Si es constructivo, tus resultados también lo serán. Y viceversa.

Como ejemplo, considera lo que pasaría si una sola gota de pintura blanca se mezclara con un tarro lleno de pintura negra. ¿Qué obtendrías? Pintura negra, obviamente.

Ahora supón que un hombre tiene la cabeza llena de pensamientos negros. Y supón que, por casualidad, él tuvo un pequeño pensamiento blanco. Obviamente, su cabeza todavía estaría llena de pensamientos negros, ¿correcto?

Yendo más adelante, si durante un período de varios años un hombre vertió una corriente de pensamientos negros en el Universo, y de repente introduce un pensamiento blanco pequeño, el Universo aún permanecerá para él como un mar negro. ¿Estás de acuerdo? Estos pensamientos negros no necesariamente serán lo que nosotros normalmente llamamos "malos". Ellos pueden ser debidos simplemente a descuidos, dudas, vacilaciones o infelicidad y desconfianza. Pero este hombre no podrá esperar que solamente un pensamiento-forma constructivo pueda enseguida deshacer el daño de millones de pensamientos-forma destructivos que él, consciente o inconscientemente, grabó en el Universo. Tal hombre requerirá quizás de años de esfuerzo para anular sus acciones (pensamientos) anteriores hechas (hechos) por ignorancia. Estas parecen ser afirmaciones muy duras en cierto modo, pero podemos estar seguros que, una vez esto haya sido llevado a cabo, el "mal" desaparecerá para siempre. O, dicho de otro modo, como lo hemos escuchado por ahí: "Nuestros pecados se han perdonado".

Ahora, consideremos al hombre de corazón bueno, jovial, alegre y optimista por naturaleza. Su pensamiento-forma básico de vida es constructivo, y así ha sido durante años. Para él, en contraste con el pesimista, el Universo es blanco, e incluso en su momento de debilidad ocasional no se desteñirá notablemente. Así es que para el hombre optimista las cosas vendrán fácilmente, pero para el pesimista la vida será una pesada carga.

Estoy seguro que a la larga tú misma te habrás dado cuenta de eso. Y esta es la razón científica convincente que has observado para ese hecho: el hombre optimista, con buenas esperanzas, crea frecuentemente las condiciones favorables para sí mismo -por su inherente pensamiento-forma, inconsciente, tal vez; no obstante, es eficaz. Por otro lado, el individuo pesimista crea sus propias condiciones "malas", debido a un proceso similar.

Así, ahora podemos ver que los llamados "bueno y malo" son manifestaciones exactas de la misma ley, aplicadas de forma diferente, pero provocadas por el mismo poder, sin discriminación alguna. Solo a la larga lo bueno prevalece por encima de lo malo, o la evolución sería inconcebible.

Si analizas los comentarios anteriores, descubrirás una aparente paradoja. Nosotros le dijimos a un hombre que el Universo es blanco; y después, a otro hombre le dijimos que es negro. Pero, solo puede haber un Universo. ¿Cómo puede ser negro y blanco al mismo tiempo? La respuesta está en el hecho de que el Universo en sí no cambia, pero la percepción del individuo varía, de blanco puro a negro puro -o de pura bondad a pura maldad.

¿Estoy diciendo que el Universo es diferente para diferentes personas? Mi estimada amiga, eso es exactamente lo que estoy diciendo.

Ahora bien, por el momento pongamos a un lado el término "universal", y usemos una palabra que signifique "universal". Esta es: "Dios". Permanezcamos calmados y consideremos esta palabra por sus propios méritos. Así es que Dios es diferente para diferentes personas, porque cada individuo crea su propia concepción de Dios.

Una de las verdades más penetrantes de la religión fue expresada por un crítico reconocido. Probablemente, habrás oído el refrán que dice: "Un hombre honesto es el trabajo más noble de Dios". Robert Ingersoll, hábil y cínicamente, invirtió ese refrán, y de esta manera, les señaló a los científicos mentales lo que realmente es la totalidad de su credo. Él dijo: "Un Dios honrado es el trabajo más noble del hombre".

Piénsalo de nuevo. Si has seguido estas discusiones cuidadosamente, debes ver que, en cierto sentido, cada persona crea su propio Dios.

Yo lo digo con toda la reverencia debida, porque tú entiendes que esto significa que cada persona decide para sí misma lo que Dios debe ser para ella; o, si prefieres, lo que la Mente Universal hará por ella.

¿Te sorprende saber que los teólogos han peleado durante siglos sobre la definición de Dios? ¿Cómo podrían haber estado de acuerdo, siendo que ellos mismos difirieren tanto en su naturaleza unos de otros? Sin embargo, nosotros no necesitamos hacer una pausa debido a sus disputas. Todo lo que requerimos saber es que cada uno de nosotros tiene el poder casi milagroso de crear nuestra propia concepción individual de Dios.

Piénsalo bien… Nosotros decimos que Él es justo, pero, ¿actuamos y hablamos diariamente como si lo creyéramos justo? Entonces, Él es justo. Creemos que Él nos proporcionará todas las cosas buenas, pero, ¿actuamos diariamente como si creyéramos eso?

Entonces, Él nos proporciona todas las cosas buenas. Creemos que Él contestará a un pensamiento-forma constructivo haciendo que suceda, y ¿actuamos nosotros diariamente como si lo creyéramos? Entonces, Él lo hará suceder. ¡Así de simple es esto!

Y ese es el significado en las advertencias de las escrituras: "Como piense un hombre en su corazón, así será". ¿Te das cuenta? No se refiere a lo que el hombre dice, sino a lo que piensa. Y no lo que piensa ocasionalmente cuando recuerda haberlo pensado. Es lo que él piense en su corazón -diariamente, habitualmente y sin reservas. Eso es lo que él es en el mundo del pensamiento, y precisamente en eso se convierte en el mundo objetivo.

El científico mental que está dedicado a su tarea, mostrará al mundo un conjunto admirable de virtudes personales. Sus acciones serán espectaculares y, quizás, incluso parecerán tontas para algunas mentes críticas, porque no está continuamente planeando en su propio interés. Pero, ¿qué tan fabulosamente superior es este científico mental? Esa gran lección que él ha aprendido lo lleva a dejar los medios y recursos al "Comité Universal de Medios y Recursos", una vez que él haya decidido la dirección y manera en que ese poder se manifieste en SU vida.

Atención: ¡Esto no significa que él se sienta cómodamente y no hace nada! ¡Lejos de eso! Él estará decididamente activo. Desempeñando sus deberes y haciendo bien las cosas.

Y, como el más grande de los Maestros nos dijo: "No tengas pensamientos precipitados para el mañana", el científico mental se rige estrictamente según esta regla, y ha resumido bien este pensamiento en una estrofa inmortal en lo que sería su Salmo de vida: "No confíes en el futuro, ¡no importa cuán agradable parezca! Permite que el pasado muerto entierre a sus muertos. Actúa, y actúa en el presente viviente. Con el corazón, y con Dios por delante".

La persona que sabe trabajar con los pensamientos-forma no se preocupa si conseguirá o no su recompensa. Ella SABE que la recibirá. Ella irradia alegría y confianza, no porque "alguien más se lo haya dicho", sino porque simplemente no puede actuar de otra manera. Ella sabe que su existencia tiene un significado real, y está ávida de registrar sus experiencias positivas en el libro de su vida. Ella busca constantemente oportunidades para expandir su esfera de influencia, tanto con ideas como con personas. Ella sabe que el amor y la belleza van de la mano con el estilo de vida como agentes gemelos de la Mente Universal, y ella los encuentra igualmente en la alegre risa de un niño, en el trozo de suave arcilla o en los danzantes rayos del Sol, en la caricia de un ser amado o en la sonrisa de un amigo. Una persona así, al estar en sintonía con la Mente Universal y su infinita generosidad, vive en un mundo de maravillas que supera con creces la riqueza material.

¿Puede alguien dudar de que tal mundo realmente exista y sea posible? Ese mundo es real y solo espera tu voluntad para abrir sus puertas. Este mundo maravilloso está listo para ti, esperando que uses la llave que en este libro te estamos ofreciendo. Y requiere principalmente la formación de tus pensamientos-forma básicos, y después, que vivas tu existencia con la plena confianza de que estos están funcionando en tu vida.

Aunque hayas oído innumerables conversaciones sobre este tema, y hayas leído todos los libros escritos acerca de esto, nunca estarás más cerca de la esencia de esta idea de lo que estás en este momento, ya que esta es su esencia vital.

CAPÍTULO X

El Vínculo entre Salud y Éxito

Tal vez este sea el momento apropiado para examinar otras cosas y traer otros ejemplos prácticos de cómo usar los pensamientos-forma, y cómo no usarlos.

Aquí los tendrás, pero, por favor, recuerda que estos son solo ejemplos, y que no son sugerencias para tu uso personal, ya que cada quien debe desarrollar sus propios pensamientos-forma, sin sugerencias externas. Sin embargo, estos ejemplos servirán para aclarar puntos importantes a los principiantes.

Por ahora regresemos al ejemplo anterior, de cómo aquel hombre vendió su casa. Él la enlistó con agentes de bienes raíces, y luego formó una imagen mental clara y bien definida de esa casa ya vendida y de él mudándose de ahí; y le funcionó. ¿Recuerdas?

En ese caso, ¿cuál hubiera sido una manera errónea de operar un pensamiento-forma? Una de las peores cosas que podría haber hecho aquel hombre sería imaginar a un cierto prospecto comprándola. Eso hubiera violado la regla de no especificar el canal o la persona, tiempo o método por el cual el pensamiento-forma debe operar. Mi amigo hubiera podido también formar una imagen de sí mismo mudándose a una casa nueva después de haber vendido la que tenía. Eso no hubiera estado tan mal, pero hubiera sido muy indirecto, muy remoto. Y lo mejor es limitar el pensamiento-forma al deseo inmediato que se tiene a la mano. Aun así, cualquiera de estos dos pensamientos-forma hubieran sido preferibles que ninguno.

La mayoría de las personas intentan vender su casa mencionándole a sus amistades y conocidos que está en venta, y anunciándola extensamente en los periódicos; en otras palabras, buscando objetivamente la respuesta específica a su problema. En algunos de estos casos, este método probablemente funcionará. En cambio, si se persiste en un pensamiento-forma propiamente trabajado, ciertamente funcionará todo el tiempo.

No te preocupes si al principio te parece difícil encuadrar tus deseos de manera completa y simple. El verdadero significado será claro para la Mente Universal, sin necesidad de largas y detalladas instrucciones. Solo asegúrate de tener una idea específica y bien definida. Si te resulta difícil expresarlo, puede ser que tu deseo aún no esté bien definido. Muchas de las personas, cuando apenas están aprendiendo esto, con las mejores intenciones del mundo comienzan a concentrarse solamente en la riqueza material. Y aunque la riqueza en sí no es algo que deba despreciarse, la riqueza material vista solo como un fin, generalmente destruye al individuo que la consigue. Tú misma lo has visto. La riqueza no siempre consigue el propósito para el cual originalmente se le quería.

A través de los años, muchas veces he escuchado a las personas decir: "Espera a que tenga suficiente dinero, y entonces dedicaré todo mi tiempo a trabajos humanitarios". Y yo he mirado, esperado, y nunca he visto a ninguno de ellos obtener lo que consideraban suficiente dinero que les permita relajarse y dedicarse a su labor humanitaria prometida, incluso cuando muchos de ellos han conseguido lo que el mundo llama "riqueza".

Así que cuando tú te concentres en grabar tu pensamiento-forma en la Mente Universal, no pidas primero dinero o riqueza material. Puede que haya una mejor manera. Sigue las reglas dadas, e imagínate haciendo el trabajo que realmente te gusta hacer, y no te enfoques en el dinero solamente. El hecho de que puedas hacer lo que te gusta es evidencia de que los medios para que lo hagas te serán facilitados. El mejor plan para todos los pensamientos-forma es verte en ellos haciendo el trabajo que amas hacer. No "trabes" a lo Universal tratando de grabarle la idea de cuánto te va a costar o cuándo van a llegar los medios o a través de qué canales recibirás lo deseado. Porque ¿qué importa cómo te llegue lo pedido, si tú estás haciendo tu labor? Eso es lo importante; es el deseo, y no el cómo se manifieste, la única cosa en la que debes concentrarte.

Te sugiero que en tus ratos libres estudies las enseñanzas del Maestro Nazareno, teniendo en cuenta lo que hemos estado estudiando en este libro (audio), ya que en ellas podrás encontrar un sorprendente descanso y paz, y la seguridad de un refugio en el cual todos son bienvenidos. Son conceptos simples de entender, pero al practicarlos nos enfrentamos cara a cara con nosotros mismos, y descubrimos que la naturaleza humana es propensa a desviarse del camino de la acción y pensamiento constructivo y equitativo. Aun así, esto también puede superarse.

Mira, si a ti te resulta difícil seguir las reglas de las grandes leyes de la naturaleza -las cuales están destinadas a producir armonía-, es porque de alguna manera estás pensando mal. En ese caso, detente en donde estés, y espera hasta que tu guía interno te diga que has regresado al camino hacia un pensamiento bueno y correcto, porque tal como sean tus pensamientos, así serán tus resultados; y si estás discordante en los pensamientos, entonces también estarás discordante y confundida en tus acciones.

Graba esta regla en tu memoria y créela.

Si te sientes tan pobre como el proverbial ratón de iglesia, nunca pienses en pobreza. Si eres tan rica como Elon Musk, nunca pienses en ti como tal. Pero siempre piensa en ti como una persona opulenta.

Muchas personas económicamente pobres, son tan ricas en coraje y resistencia que están destinadas a salir de su pobreza. Y muchas personas económicamente ricas, son tan pobres de espíritu que su dinero es la única cosa que los sostiene, y frecuentemente lo pierden. Pero la persona opulenta, rica o pobre, es consciente de su plenitud en las cosas buenas de la vida, salud, espíritu, resistencia, la habilidad de sentirse en unidad con toda la creación de Dios. Es un hermano, un amigo de todos, capaz de apreciar la belleza de una puesta del Sol, de una sinfonía, del ritmo de la lluvia, del lenguaje de los árboles, las flores, y los animales; esa persona, tarde o temprano disfrutará física y espiritualmente de todas las cosas buenas que este mundo tiene para ofrecerle. Simplemente porque es parte de todas las cosas buenas, y por la Ley de Atracción, estas pronto le llegarán. Puede tener "riquezas infinitas en un pequeño cuarto".

Toma en cuenta que hablar y pensar en pobreza, ya sea de medios materiales o de espíritu, crea o prolonga la pobreza. Y hablar o pensar en la riqueza cristaliza la mente a tal grado que uno a veces se olvida que las riquezas se pueden desaparecer de la noche a la mañana, o se vuelve presumido y arrogante. Por eso más bien siempre debes hablar y pensar en la opulencia, o en tener abundancia de las cosas buenas de la vida, incluyendo la oportunidad de servir a otros.

Otro elemento de la vida por el que la mayoría de nosotros nos preocupamos de vez en cuando, es la salud. Ya que la buena salud depende principalmente de nuestras propias acciones, independientemente de los pensamientos o deseos de otros, es uno de los logros más fáciles del científico mental.

Recuerda que la mente subjetiva está a cargo directamente de los procesos vitales en tu interior. Y su poder de asimilación, digestión, excreción, flujo de sangre, fuerza de los nervios, etc., es incuestionable. Normalmente, tú no controlas conscientemente ninguna de estas actividades. Pero ahora que ya sabes que tú puedes controlar tu mente subjetiva con tu mente objetiva, tal vez el efecto más inmediato que puedas obtener con los pensamientos-forma, es una buena salud, ya que esta depende directamente de la mente subjetiva. En el uso de los pensamientos-forma para mejorar tu salud, lo primero que debes hacer es eliminar cualquier pensamiento de la enfermedad específica que desees eliminar. Por ejemplo, no te imagines que tu corazón débil se está haciendo más fuerte, o que tu hígado se está restaurando. Entiende esto, cualquiera que sea tu problema, su cura -usando los pensamientos-forma- es la misma: concéntrate en una imagen de ti misma íntegra, saludable, vital y fuerte. Imagínate haciendo las cosas que temes no poder hacer ahora. No cosas imposibles, por supuesto, solo cosas normales que la gente saludable de tu edad puede hacer. Siempre recuerda que eres una parte de, y un canal para todo el poder en el Universo. Y ese poder se manifestará a través de ti en el grado en que TÚ lo permitas. Porque el Universo, Dios, o como quieras llamarle, solo podrá hacer por ti lo que pueda hacer a través de ti. Grábate eso.

Flujos de salud y fuerza están esperándote, y fluirán hacia ti cuando hayas construido un pensamiento-forma positivo para tu salud. Así que primero olvídate de la idea de que estás enferma. Tal vez lo estés, pero no insistas en eso. No sugiero que niegues tu enfermedad, si es que la tienes, porque eso sería absurdo. No tiene caso evadir un hecho; es mejor eliminar un hecho desagradable. No estamos abogando cosas metafísicas, simplemente estamos indicando cómo superar hechos físicos desagradables, sin poner tu razón en ridículo al afirmar que no existen.

Una vez que hayas eliminado o al menos reprimido la consciencia de tu dolor o enfermedad, medita sobre ti misma irradiando salud. Visualízate completamente sana. Mira los resultados de ese estado. Tú, llena de energía, activa, alerta, capaz de pasar un largo rato sin sentirte cansada, etc. Después, concentra esa imagen en un pensamiento-forma y grábalo en la Mente Universal como se te ha indicado.

Si eres muy delgada y deseas aumentar de peso, visualízate ganando peso de manera saludable. Si estás pasada de peso, imagínate más delgada, sin excluir algún aspecto de una buena salud.

Incluso la ciencia médica reconoce el valor del estado mental cuando se trata del mantenimiento de una buena salud. Hoy en día, los buenos doctores usan menos medicina y más "psicología" al enfocarse en la mentalidad de la persona enferma y su "voluntad de salud". Y lo que un doctor puede hacer por ti en ese sentido, tú puedes hacerlo directamente por ti misma; aunque esto no niega el valor de la medicina o cirugía para condiciones graves.

Aunque no las veamos, todos los días hay fuerzas en uso para una buena salud; y la mejor de todas es el poder de la mente consciente guiada correctamente. Usa tu poder.

CAPÍTULO XI

Transformando el Trabajo en Vocación

Hoy en día, un empleo, o la ausencia de este, parece ser algo muy importante en las mentes de muchas personas.

¿Existe la forma de conseguir un empleo o un mejor trabajo, mediante el uso de pensamientos-forma?

Presta atención a la siguiente historia. Hace tiempo, un hombre estaba desempleado. Él sabía de los pensamientos-forma, pero como había tenido una vida fácil hasta entonces, no se había tomado la molestia de usarlos. Después de llevar varios meses desempleado, y con sus fondos desapareciendo rápidamente, de repente se percató de que simplemente estaba haciendo lo mismo que todos los demás; que estaba sin trabajo, caminando por las calles sin rumbo fijo, de un lugar a otro esperando encontrar un empleo. Y que prácticamente estaba llegando a ninguna parte. Entonces se hizo consciente de que estaba haciendo las cosas incorrectas, que debía hacer uso de lo que sabía, hacer uso del poder de los pensamientos-forma. Pero, la pregunta era ¿cómo puedo hacer esto? Entonces pensó en una oficina donde él estaba seguro que podría conseguir empleo. Él ya había trabajado allí antes, y sabía que podría hacer ciertas cosas para esa organización, y creía que podía trabajar ahí sin perjudicar a nadie. Así que creó una imagen de sí mismo trabajando allí, justo en esa oficina y en un escritorio que sabía que no estaba siendo utilizado. Él sabía claramente el tipo de papeles que manejaría. Así que se imaginaba a sí mismo el viernes recibiendo un sobre con su pago. Una vez que tuvo su imagen clara y bien definida, y la impregnó fuerte en la Mente Universal, consiguió el trabajo.

¿Fue ese un exitoso pensamiento-forma? Aparentemente sí, porque él consiguió lo que buscaba. ¡Pero falló en un punto importante, y poco después perdió el trabajo! ¿Qué fue lo que hizo mal, lo cual le causó solo un éxito temporal de su pensamiento-forma? ¿Puedes verlo? Su error fue seleccionar un trabajo específico, en una oficina específica. Él creyó que en ese lugar lo necesitaban, y el poder de su mente creó una condición temporal que concordaba con su idea. Pero estaba equivocado, no lo necesitaban, y su pensamiento-forma no pudo superar ese hecho. Entonces, ¿qué debería haber hecho? Pues precisamente lo que hizo, con la única excepción de que no debería haber especificado la oficina. Él debió haber meditado en la mejor manera en que sus talentos pudieran ser utilizados por alguien, sin especificar a una persona o lugar en particular. Él debió verse en una oficina, haciendo el tipo de trabajo que a él le gusta, como parte de una cadena de actividades, brindando un servicio a su comunidad, y recibiendo su pago en un sobre.

Porque ¿cuál es la verdadera esencia del empleo?, ¿acaso no es un servicio? Aunque esta sea una palabra muy utilizada en estos días, aún sigue siendo una palabra honorable.

Si tú deseas -honesta y sinceramente- ser útil, e impregnas esa idea en la Mente Universal, los medios se darán para que lo seas. La respuesta puede ser completamente diferente de lo que esperabas, pero, cuando te llegue, acéptala de todo corazón y pon todo de ti para llevarla a cabo.

La historia del hombre que te relaté -historia real, por cierto- tuvo un final feliz. Después de que lo despidieron del trabajo que había conseguido, tuvo suficiente perspicacia como para darse cuenta de su error. En seguida empezó a trabajar sobre otro pensamiento-forma de naturaleza más general, sin detalles sobre el cómo o dónde trabajar específicamente. Su énfasis fue puesto en él realmente sirviendo. Al poco tiempo, un amigo suyo vino a buscarlo y lo contrató para un tipo de trabajo totalmente inesperado, pero que le dio mucho gusto asumir; él ha mantenido ese trabajo, y su sueldo se ha duplicado.

Yo no te puedo decir la naturaleza exacta del pensamiento-forma que debas usar tú para conseguir tu propio empleo. Te he dicho lo que se debe hacer de una forma general, y eso es todo lo que alguien más pueda decirte. Pero es importante que sepas lo que debes evitar. Por eso, ahora te voy a decir lo que no debes hacer; y si lo haces, atente a las consecuencias.

Nunca te imagines reemplazando a alguien de su trabajo. Porque eso, probablemente sea dañino para la otra persona, y por ende, no podría ser positivo para ti.

No detalles minuciosamente el tipo de trabajo que quieres hacer. Puede que exista un mejor trabajo que te esté esperando.

No digas que vas a conseguir un empleo para cierto tiempo. Tu mejor empleo podría no estar listo para entonces, y no importa cuáles sean tus necesidades actuales, debes tener el valor de esperar por ese mejor empleo porque será lo mejor a largo plazo.

No te veas obteniendo dinero engañando a otras personas. Porque esos negocios triquiñuelas podrían dañar a terceros, y eso seguramente no será bueno para ti.

No te visualices ahorrando todos los resultados de tus labores. Hay más que suficiente para todos, aunque aparentemente pocos saben eso. Ciertamente, hay más que suficiente para ti de todo lo que desees. Imagínate usando los frutos de tus logros constructivamente, para ayudar a los demás, para servir a la comunidad, para crear el negocio en el cual puedas sentirte orgullosa de ser parte de él.

Generalmente, estos son algunos de los errores que deben evitarse por sobre todas las cosas. Ahora ya lo sabes. Habrá otros que encontrarás tú misma, cuando sigas las reglas aquí establecidas. Sobre todo, recuerda que después de haber establecido tu pensamiento-forma correctamente, y haberlo estampado en la Mente Universal, tienes que actuar en completa confianza de que se ha vuelto un hecho en el mundo del pensamiento, y que este, tarde o temprano, se manifestará ante tus propios ojos.

Miedo o Fe

Algunas personas creen que poseen un perfecto entendimiento de la ley, tan pronto su atención se ha dirigido a ella. Ellas empiezan a practicarla y, tan pronto comienzan, también empiezan a neutralizar sus deseos con sus dudas. Al principio les parece tan simple que comienzan a preguntarse "¿Cómo es posible que pueda conseguir lo que requiero, simplemente cerrando mis ojos y hablando conmigo misma? Me pregunto si esto será verdad, si funcionará para mí también, como me han enseñado"… Y así, sucesivamente.

Cuando un individuo comienza a cuestionar sus pensamientos-forma de cualquier modo, solo le queda una cosa por hacer, y eso es: empezarlo todo de nuevo, porque ha mandado pensamientos que han debilitado o destruido los "hijos de su cerebro", casi desde el mismo momento en que nacieron. Estos estados mentales, entre asombro, esperanza, desconfianza y actitudes similares, son evidencias de una duda fundamental interna; y la duda es algo fatídico para el éxito, en cualquier fase de la actividad. La duda es la manifestación tenue de algo más fuerte y peligroso: miedo a fracasar.

"Nuestras dudas son traicioneras y nos hacen perder lo bueno que podríamos ganar, por el miedo a intentar". Decía Shakespeare.

Quizás conozcas la siguiente historia que es bastante relevante. Un viajero se encontró con la muerte a la salida de un pueblo.

-¿A dónde vas, Muerte? -le preguntó el viajero.

-Voy a la ciudad, a matar a 30 mil personas -contestó la Muerte.

Días después, cuando el viajero regresó a la ciudad, encontró que había 100 mil muertos. Se puso a buscar a la Muerte, muy molesto; y cuando la encontró, le reclamó:

-Me dijiste que ibas a matar a 30 mil personas, pero mataste a 100 mil, ¿por qué tanta maldad?

-Un momento -contestó la muerte. Yo te dije la verdad. Yo solamente maté a 30 mil personas, pero el miedo y la duda mataron a los otros 70 mil.

Queda claro entonces, que el miedo puede ser mortal en muchas situaciones, si nos dejamos llevar por él. Se estima que ocho de cada diez cosas que nos asustan, preocupan y desvelan, nunca sucederán, a menos que nosotros las creemos con nuestros pensamientos de dudas y miedo.

Más cercano a nosotros es el caso de un predicador del sur de California, que dejó que una serpiente de cascabel venenosa lo mordiera; situación mortal, de no ser tratada de inmediato. Este hombre se recuperó sin ayuda de un médico. Y él dijo (según The New York Times): "En ningún momento perdí mi fe; confié en que el Señor me ayudaría".

Cabe aclarar que yo no aconsejaría a ningún predicador ni a ninguna otra persona, seguir el ejemplo de este hombre del desierto, pero debo admitir que tengo respeto por la fe de este predicador en concreto. Creo que su fe y su salud en general, le ayudarán a salir adelante. La fe y el estado de ánimo, creo yo, tienen mucho que ver con la condición física del hombre; y la religión de este hombre le ha estimulado mentalmente.

Se debe conquistar el miedo antes de razonablemente esperar obtener éxito en cualquier cosa. Y la conquista del miedo puede ser una de las primeras cosas en las que puedes usar la Mente Universal. Todas las dudas deben, rigurosamente, ser eliminadas de tu mente. Y la mejor forma de hacer esto es creando una imagen mental de ti misma haciendo, con valor y positivismo, aquello que más temes. Será la autodisciplina la que te traerá las cosas buenas en tu vida.

Muchos individuos, aun cuando aparentemente cuentan con todas las herramientas que el Universo le otorgó, fracasan debido a un profundo miedo al "qué dirán los demás", a las críticas, a hacer el ridículo, a la competencia, a un poder superior, a su educación o su estatus financiero. Todos esos miedos producen un complejo de inferioridad tan poderoso que destruye a muchos hombres y mujeres útiles.

Existe un antiguo dicho popular que dice: "Ningún hombre es una isla". La verdad de este dicho se puede comprobar en un momento de reflexión. Cuando tú impresiones tu pensamiento-forma en la Mente Universal, debes recordar que como la Mente Universal es precisamente universal, opera a través de todas las mentes humanas individuales. Consecuentemente, tu pensamiento-forma va a provocar una impresión específica en la mente colectiva de otros individuos, y ellos van a reaccionar de acuerdo con su capacidad de recepción. Eso nos demuestra claramente que no vivimos solo para nosotros mismos, sino que seriamente impactamos a otros, para bien o para mal. Entonces, más nos vale asegurarnos que sea para bien y nunca para mal.

Como ya sabes, esta impresión en los demás se hace a través de la mente subjetiva, y se manifiesta de acuerdo con la medida en que las mentes subjetivas puedan reaccionar a su mentalismo objetivo. Muestra la unidad patente que es el principio básico del concepto real de hermandad humana. Y enfatiza, a lo largo del tema de la ciencia mental, la importancia de que tus pensamientos-forma sean constructivos. Claro está que estos no son los únicos que van a funcionar, pero esos pensamientos-forma sí son los únicos que van a funcionar para tu mayor beneficio en cada ocasión. Y esos son los únicos que te interesan.

¿Acaso necesitas más pruebas de que estos principios son verdaderos? El testimonio de muchas de nuestras más grandes almas nos da la razón. Miremos en el "Gran Libro", donde encontramos: *"Y todo lo que pidiereis en oración y creyendo que ya es vuestro, lo recibiréis"*. (Mateo 21:22)

La única estipulación es que todo aquel que pida, debe realmente CREER que recibirá lo que pide. Y que todo aquel que busque, realmente debe CREER que encontrará lo que busca.

Entonces, es lógico entender que: los buenos pensamientos producirán buenos resultados, y los malos pensamientos producirán malos resultados. El odio no disminuye con el odio; el odio disminuye con el amor. Esta es una regla antigua. Esta es la directa confirmación de la enseñanza de que los pensamientos-forma dignos tienden a resultar en acciones y resultados constructivos. También, que los pensamientos-forma vengativos son solo una continuación de una actitud mental errónea. El pensamiento-forma que no lleva implícito el amor a sus semejantes, no tiene el derecho a su internalización.

El conocimiento de la amplia diferencia en la aplicación de la mente objetiva a cosas externas, y la mente subjetiva a cosas internas, fue expuesto por el filósofo chino Lao-Tse. Él dijo: "El sabio atiende a lo interno y no a lo exterior". En otras palabras, como ya decíamos, deja a un lado lo objetivo y enfócate solo en lo subjetivo, donde las cosas realmente importantes se llevan a cabo.

Con su modo de expresión matemático, Pitágoras aportó la ley que acabamos de explicar, en las líneas de sus famosos Versos Dorados: "La ley más rígida, liga poder a la necesidad". O, como diríamos nosotros, todo el poder de la Mente Universal está a disposición de la necesidad humana. Por consiguiente, debe existir una manera directa en la que tal poder pueda ser invocado, y por la que pueda reaccionar. Bueno, los pensamientos-forma son esa manera.

La Mente Universal puede ayudarnos con nuestras necesidades, y podemos acceder a su poder a través de los pensamientos-forma.

Debería ser el intento de todos, poner en práctica el desarrollo y la impresión de pensamientos-forma, simplemente desde el punto de vista experimental o "para ver si funciona". Es importante probar los pensamientos-forma para comprobar su efectividad. Pero antes de hacerlo, debemos estar seguros de que esta práctica tiene sentido y es útil. Porque solamente una suprema confianza en la relación de uno con la Mente Universal dará resultados.

Debemos aclarar que la Mente Universal, fuente de todo poder, no es susceptible a las oraciones de: "Dame", donde aquel que ora se encuentra bajo la falsa ilusión de que es más bendito recibir que dar. Todas las peticiones dirigidas a la Mente Universal deben ser formuladas desde un punto de vista que sean un instrumento para hacer el mayor bien al mayor número.

No pienses que estás usando algo nuevo y desconocido. La ley de los recursos mediante la impresión en la Mente Universal para tus necesidades particulares es algo sabido por siglos, pero la gran mayoría de la humanidad la ha perdido de vista en su esfuerzo vano por asegurarse sus fines con lo que considera métodos visibles y tangibles, confiando en el falso orgullo al que llama "su habilidad personal".

Bueno, nuestra supuesta habilidad es simplemente la medida en la que utilizamos el gran poder que hay en nosotros, ya sea que lo hagamos consciente o inconscientemente.

En la Mente Universal no existe la preocupación, la ansiedad o angustia mental.

En el siguiente verso vemos su completa aceptación con cualquier cosa que su ambiente le imponga. Dice así: "Detengo mi prisa, camino despacio; porque ¿de qué sirve un paso apresurado? Me quedo entre las sendas eternas, porque lo que es mío, me reconocerá".

Y entonces, como si hubiera un profundo e íntimo matiz de victoria, un sentido sostenible de triunfo sobre todas las barreras terrenales, el poeta lanza a los vientos, a una posteridad que escuchará con reverencia en años venideros, estas inspiradas líneas que alcanzan pura grandeza: "Las estrellas surgen poderosas en el cielo; el agua emerge en el mar; ni el tiempo, ni el espacio, ni lo profundo, ni lo alto, podrán apartar nunca de mí lo que es mío".

CAPÍTULO XII

La Energía detrás de tus Pensamientos

Ya hemos cubierto la mayoría de los puntos que requieres conocer sobre los pensamientos-forma, para poder usarlos tú misma con un cierto nivel de éxito.

Realmente no necesitas continuar estudiando; si solamente aplicas lo que has aprendido hasta ahora, eso por sí solo te garantiza ser una persona exitosa. Así es: lo que hasta ahora has aprendido te funcionará 100%, si lo aplicas. Pero aun así puedes hacer más. Puedes hacer que esto funcione también para otras personas. Y si tú haces uso de este maravilloso poder para ayudar a los demás, eso a su vez te ayudará a ti.

Para usar los pensamientos-forma para ayudar a los demás, sigue las reglas ya dadas, pero pon a la otra persona en vez de a ti misma. Por ejemplo, en materia de salud, visualiza a la otra persona sana, feliz, fuerte, vital. Si el objetivo es un empleo, mira a la otra persona ocupada en una labor útil, ganando mucho dinero. Y así sucesivamente. El principio es el mismo. Solo asegúrate que cuando uses los pensamientos-forma para otra persona, sea para su beneficio. Porque lo que tú pienses que sea bueno para ti, puede no ser bueno para alguien más. Por eso, te sugiero tener mucho cuidado antes de tomar cualquier acción en el plano mental para otra persona (o incluso para ti misma), porque cuando trabajas con pensamientos-forma por otra persona, te estás involucrando en los resultados de esta, y puede que no te sientas bien si las cosas no salen como las esperabas, debido a tu imperfecto uso de la idea.

Una forma segura para ayudar a otros -y en mi opinión, la mejor manera- es ayudarles a ayudarse a sí mismos, porque entonces ellos ponen sus propios esfuerzos en el trabajo, y los resultados significarán más. Esto se aplica a los pensamientos-forma en particular. Incluso, puedes hablar sobre los pensamientos-forma con la persona necesitada, para que ella pueda utilizarlos por sí misma, si es que la ves con la mente lo suficientemente abierta como para entender la posibilidad de su valor.

No tenemos que tratar de resolver todos los problemas del mundo, pero de alguna manera debemos ayudar a otras personas, cuando la oportunidad se presente. Tal acción le da una salida a través de nosotros a la actividad constructiva de la Mente Universal. La Mente Universal está en todas partes y siempre está buscando la oportunidad de ayudar a sus criaturas, a través de sus otras criaturas.

Donde quiera que encontremos la Mente Universal, ahí también encontramos el amor -el amor por sus propias criaturas- como el amor de un padre por sus hijos, pero en una escala mayor, y sin falla. Y "el amor en un ser humano es el inicio del entendimiento, así como el calor es esencial para la existencia del fuego". El amor y la vida son inseparables. Algún día descubriremos que ambos son uno y el mismo principio, en las polaridades creativas y éticas. La vida está en todas partes, por lo tanto, la creación también se está llevando a cabo en todas partes. Tus pensamientos, nadando en el océano de la actividad creativa humana, pueden dirigir sus energías a tus propósitos, y si estos propósitos están en armonía con la naturaleza y la intención del primer propósito creativo, y si anuncian progreso para todos, tus deseos serán realizados más rápidamente. Esta es la esencia de la exhortación a convertirse en "canales escogidos del Creador".

Llegar a ser o hacerse uno mismo un instrumento de elección, implica una responsabilidad directa y personal, que no hemos observado ser generalmente destacada por la mayoría de las filosofías de autoayuda de la época, que se dedican principalmente a la cuestión general de "cómo conseguir lo que TÚ quieres".

La responsabilidad correlativa debe ser: utilizar lo que ya tienes. Parece ser una ley natural, que solo el hecho de usarla, nos permite mantener lo que ya tenemos. Si no usamos nuestro cerebro, no lo desarrollamos. Si no usamos nuestros músculos, estos se atrofian. Si no usamos nuestra casa, se deteriora, el techo comienza a gotear, las tuberías se descomponen, los vidrios de las ventanas se rompen y la casa asume un aspecto general de decadencia. Así mismo, si tenemos dinero y no lo usamos para el bien común, o nos convertimos en avaros inútiles, alguien vendrá y nos lo quitará. Si tenemos talentos y no los utilizamos adecuadamente, estos disminuirán hasta desaparecer. Existe una ley detrás de todo esto. Las fuerzas de la naturaleza están en un estado de constante movimiento -flujo y reflujo-. La corriente pasa de forma continua, con olas de acción y reacción. Si seguimos en nuestro curso, montaremos las olas. Si divagamos, entonces nos movemos en círculos, nadando contra las olas, y sin llegar a ningún lado.

Cuando usas los talentos que ya tienes, estos se multiplicarán, y un logro te llevará a otro, hasta que lograrás algo realmente grandioso, pero debes empezar a usar los talentos que ya tienes. Sí, te estoy hablando a ti, y recuérdalo: si no los usas, los perderás. Si tienes los medios, inicia ya; si no, crea los medios para que empieces a usar tus talentos, pero debes ponerlos en acción, en circulación. Porque todo aquel que almacene sus talentos, su energía, su habilidad y su dinero, descubrirá que todo esto se convertirá en un peligro para su bienestar. Solo se puede tener, dando. Por paradójico que parezca.

En un lugar muy lejano, hace ya mucho tiempo, había un hombre muy rico que compró una gran extensión de tierra en las montañas. Por ellas fluían unos arroyuelos, así se podían regar las tierras adyacentes, y todos en el área vivían felices, contentos y prósperos. Sin embargo, el nuevo propietario quería los arroyuelos para sí mismo, así que construyó presas para poder disfrutar de unas cascadas artificiales y un pequeño lago, el cual, con el tiempo se convirtió en un lago muy grande, pero le cerró el curso natural al agua, y esta ya no nutría a las tierras adyacentes. Estas tierras sufrieron, la vegetación se redujo a casi nada y la pobreza llego a donde antes solo había abundancia. El lago del hombre rico seguía creciendo, y con el tiempo, inundó sus propias tierras y echó a perder lo que había sido un lugar hermoso. Se formaron pantanos, se desarrollaron estanques, a los mosquitos les pareció un lugar muy agradable para veranear. El hombre, en su terquedad, se negó a hacer algo para remediar la situación. Ante esos hechos, finalmente los agricultores vecinos tomaron la ley en sus propias manos, rompieron los diques y causaron que el agua retomara su curso natural; a su debido tiempo, el orden fue restaurado, pero solo después de que el odio, la venganza y el sufrimiento habían sido endurados.

La moraleja de la historia es que un absurdo egoísta, quien rechazó ponerse en armonía con las fuerzas naturales, por ignorancia, se negó a experimentar lo que podría haber sido un pequeño paraíso. El ejemplo que acabas de ver es para que entiendas la responsabilidad que implica la posesión de cualquier cosa, ya sea riqueza, talento, inteligencia o habilidad.

Nunca formules un pensamiento-forma, de ninguna cosa, a menos que tengas un profundo, sincero e intenso interés en usarlo para tu bien y el bien de todos los demás involucrados. Por ejemplo, no te serviría de mucho desear riqueza solo para que dejes de trabajar. Entiende que la riqueza no es tuya, es del creador; tú eres únicamente la administradora, y como tal, tienes responsabilidades específicas de ella.

¿Estás dispuesta a asumir y cumplir con estas responsabilidades de manera efectiva? Si sientes que no estás lista, ¡considera usar un pensamiento-forma! Esta técnica puede ayudarte a enfocar tu mente y fortalecer tu compromiso con estas responsabilidades. Los pensamientos-forma te permiten visualizar claramente tus metas y las acciones necesarias para alcanzarlas. Usar la Mente Universal de esta manera no es para evitar el trabajo o las responsabilidades, sino para asegurarte de que estás alineada con tus deberes y actuando con propósito y determinación.

Debemos reconocer que si aún existen humanos ociosos en estos tiempos, es simplemente el resultado de que todavía no hemos aprendido a asumir nuestras responsabilidades, conectarnos con la Mente Universal, ni distribuir la abundancia de la riqueza que una naturaleza demasiado generosa nos otorga tan abundantemente. En verdad, cualquier cosa que sea buena, constructiva y digna, está al alcance de cualquier ser humano inteligente, si ese ser tan solo se pone en armonía con las fuerzas de las que requiere ayuda.

Verás, cuando has formulado e impresionado tu pensamiento-forma en la Mente Universal, has creado un prototipo mental; y este es realizado. Esto lo hace tuyo incluso antes de ver su manifestación física. Este prototipo crece -por la Ley del Crecimiento- de acuerdo con la intensidad y frecuencia con la que tú "ores sin cesar"; es decir, impregnándolo cada vez más fuerte en la Mente Universal. A medida que crece, este atrae para sí mismo el material requerido que su expresión completa exige, hasta que finalmente se manifiesta como una internalización.

Para ser efectiva la unificación de la mente individual con la Mente Universal a través de una consciente aceptación con toda el alma de su existencia, su poder y su impersonalidad, no existe favoritismo alguno, solo la igualdad de oportunidades; funciona absolutamente para todos, por igual. Por lo tanto, es esencial -para obtener mejores resultados- que nos acerquemos a la Mente Universal desde el punto de vista espiritual, no solo desde el punto puramente mental. No reconocer este principio es quizá la razón principal de que muchos fallan en practicar la ciencia mental, porque: "Vivir por la voluntad de un hombre es la causa de la miseria de todos los hombres"; tal como lo escribió Richard Hooker, hace ya más de 300 años.

Este principio: "Que no se haga mi voluntad sino la tuya" es el punto central alrededor del cual la vida de la persona bien ordenada y equilibrada gira. Es la actitud propiamente espiritual. Pero ¡cuidado! Esto no quiere decir "pasividad", que puedes quedarte sentada esperando que baje el Espíritu Santo y te traiga todo lo que tú necesitas. Significa que te pongas a trabajar, que USES las herramientas que tienes a tu disposición y hagas algo, en vez de sentarte a racionalizar tus "crisis", tus carencias y limitaciones, con toda clase de excusas.

Si lo haces de la forma correcta, alinear siempre tu voluntad individual con la voluntad Universal, podrás crear tal unión con lo Universal, que podrás entrar en las actividades creativas y dirigir esas creatividades a su manifestación para el beneficio de la humanidad.

En otras palabras, cuando se hace esto, "La inteligencia cósmica se individualiza, y la inteligencia individual se universaliza. Las dos son una". Por eso te exhorto a que uses los pensamientos-forma, en este espíritu. Claro que te funcionarán incluso si los usas para un motivo digno, aunque sea totalmente personal; sin embargo, van a trabajar mucho mejor si están en armonía con motivos universales, como sea que tú los entiendas.

Procura que tus pensamientos-forma sean para el mayor beneficio de los demás, y eso, automáticamente garantiza que serán de beneficio para ti también; ten detrás de ellos siempre un sincero amor a la humanidad y a la Mente Universal, nuestra Creadora. Cualquiera que sea tu propósito, deja que también sirva al propósito del poder que te ha traído hasta el punto donde se te permite el uso de los pensamientos-forma. En otras palabras, activa la Ley de la Reciprocidad.

La Mente Universal va a hacer mucho por ti. ¿Qué vas a hacer tú para servir a los propósitos de la Mente Universal? Ofrécete a ser un canal de expresión de lo Universal. Dile algo así: "Has uso de mí, como lo desees; yo soy de tu misma opinión, y yo soy una contigo. No me negaré a nada que sea bueno para ti. Llévame a donde tú quieras llevarme, haré todo lo que me pidas".

Toda persona que entienda, actué y aplique esta información, vivirá una vida próspera y abundante; toda aquella que no lo haga, vivirá en un mundo de infelicidad, carencias, enfermedades y limitaciones.

Ahora ya lo sabes.

CAPITULO XIII

Siete Claves para Crear tu Destino

Toda creación comienza en la imaginación, por lo que es vital que conscientemente aprendamos el arte y la ciencia de crear imágenes mentales, visualizar, meditar, crear.

Para ayudarte con esto, te ofrezco siete pasos, siete técnicas para que puedas manifestar más fácilmente todas tus metas y objetivos importantes en tu vida.

Para empezar, te sugiero hacer tus visualizaciones en "tu santuario", un lugar especial, apacible, donde hagas tus meditaciones; y hacerlas a la misma hora, si es posible. Además, debes crear un lugar en tu imaginación para tus meditaciones. Yo tengo una sala de cine con solo una silla en el centro y una gran pantalla al fondo donde proyecto las imágenes que deseo manifestar. Tú puedes usar una cabaña en la montaña, en la playa o cualquier lugar que prefieras. Solo te sugiero usar ese lugar exclusivamente para que, cuando entres en él en tu imaginación, conscientemente sepas que vas a meditar, a manifestar y a crear.

Verás, los seres humanos pensamos en imágenes; y como además somos seres de hábitos, si creamos el hábito de visualizar, en el mismo lugar y a la misma hora cada día, simplemente por estar ahí nos sentiremos relajados y listos para meditar, visualizar y/o recargarnos de energía.

Un punto importante: antes de meditar, y de hecho, antes de iniciar cualquier emprendimiento, debes tener la imagen clara de su final. Debes ver en tu mente lo que deseas como algo ya terminado, ya logrado.

Entonces, los siete pasos esenciales para una efectiva visualización son:

Paso I: ELIGE CLARAMENTE LO QUE DESEAS MANIFESTAR EN TU VIDA

El primer paso esencial para una visualización efectiva es saber exactamente lo que deseas ver manifestado en tu vida. Asegúrate de que sea algo que tú realmente desees y no algo que otra persona quiera para ti. Si no es algo que verdaderamente deseas, te rendirás ante el primer obstáculo que, inevitablemente, encontrarás en tu camino.

Es importante saber lo que quieres, porque solo así podrás visualizarlo con claridad y llevarlo a tu subconsciente. Por ejemplo, si deseas tener más dinero, pero piensas: "No hay forma de ganar más con este trabajo" o "Si obtengo más dinero, probablemente lo perderé de todos modos" ¿Qué crees que obtendrás? Quieres dinero, pero tus creencias negativas lo están bloqueando; es como si tuvieras el freno y el acelerador de tu carro pisados al mismo tiempo.

Antes de esperar cualquier resultado, debes ser específica en lo que deseas, y reconocer que el dinero puede venir de diferentes fuentes y que puedes conservarlo y multiplicarlo. Lo mismo ocurre con los problemas de relaciones. Puedes desear una relación maravillosa, pero si crees que no hay buenas personas disponibles, que eres demasiado vieja o que no tienes tiempo, estarás bloqueando tu deseo. Si has intentado visualizar una relación y no la has manifestado, puedes pensar que algo está mal contigo; sin embargo, el problema es que tu programa subconsciente está contradiciendo tus objetivos conscientes.

Aquí y ahora te ofrezco la solución a tus dilemas: primero, debes sentirte completamente merecedora de lo que deseas ver manifestado, tanto consciente como subconscientemente. No debes sentirte separada de lo que deseas. Si deseas visualizar mucho dinero, pero en el fondo crees que no puedes o mereces tenerlo, eso te está separando de tu deseo. Para tener lo que deseas, debes ser una con tu objetivo. Debes saber que lo mereces, debes sentirlo ya en tu posesión y saber que ya es tuyo. Si ves algo que te gusta y deseas poseer, simplemente reclámalo como tuyo y di: "Esto es mío y lo reclamo como mío ahora".

Paso II: RELAJACIÓN

Para una visualización efectiva, es crucial relajar la mente y el cuerpo, lo que te permite concentrarte más claramente en lo que estás visualizando. La relajación, la meditación, no solo te proporcionan claridad mental, sino que también facilitan el acceso a tu subconsciente, donde se pueden plantar y nutrir tus objetivos y deseos. Aquí te ofrezco un enfoque detallado para alcanzar un estado de relajación profundo y cómodo.

1. ENCUENTRA TU SANTUARIO

El primer paso para relajarte es encontrar un espacio donde te sientas segura y cómoda. Este espacio debe ser tranquilo, libre de distracciones y con una temperatura agradable. Puede ser un rincón especial de tu casa, una habitación dedicada a la meditación o incluso un lugar en la naturaleza donde te sientas en paz. Lo importante es que este espacio se convierta en tu santuario personal.

2. POSICIÓN CÓMODA

Colócate en una posición cómoda. Esto puede ser sentada en una silla con respaldo recto o acostada sobre una superficie firme pero cómoda. Si decides sentarte, asegúrate de que tus pies estén firmemente plantados en el suelo y tus manos descansando sobre tus muslos o en tu regazo. Si prefieres acostarte, mantén los brazos extendidos a los lados, con las palmas hacia arriba. La clave es encontrar una postura en la que puedas mantenerte sin moverte durante un tiempo prolongado.

3. RESPIRACIÓN PROFUNDA

La respiración profunda es fundamental para relajar el cuerpo y la mente. Comienza inhalando lenta y profundamente por la nariz, llenando tus pulmones de aire desde el abdomen hasta el pecho. Mantén la respiración por un momento y luego exhala lentamente por la boca, liberando toda la tensión acumulada. Repite este ciclo de respiración profunda al menos cinco veces, sintiendo cómo cada exhalación te ayuda a relajarte más.

4. RELAJACIÓN PROGRESIVA DE MÚSCULOS

Una técnica eficaz para inducir la relajación es la relajación progresiva de los músculos. Comienza por los pies y sube lentamente hasta la cabeza. Contrae los músculos de tus pies durante unos segundos y luego suéltalos, sintiendo cómo la tensión se desvanece. Haz lo mismo con tus pantorrillas, muslos, glúteos, abdomen, pecho, brazos, manos, cuello y finalmente la cara. Este proceso no solo libera la tensión física, sino que también calma la mente.

5. VISUALIZACIÓN DE LA TENSIÓN

Mientras respiras profundamente, sé consciente de cualquier tensión en áreas específicas de tu cuerpo. Visualiza la tensión como un nudo o una nube oscura. Al inhalar, imagina que el aire que respiras llega a esas áreas tensas, llenándolas de luz y energía curativa. Al exhalar, visualiza la tensión disolviéndose y siendo expulsada de tu cuerpo. Repite este proceso hasta que sientas cada parte de tu cuerpo completamente relajada.

6. DESCENSO MENTAL

Para profundizar en tu estado de relajación, imagina que estás en un ascensor o una escalera mecánica que te lleva lentamente hacia abajo. Mientras desciendes, cuenta hacia atrás del 10 al 1. Con cada número, siente cómo te relajas más y más. Por ejemplo, al decir "10" siente un leve descenso en tu nivel de tensión. Al decir "9" siente cómo tu cuerpo se hunde más en el estado de relajación. Continúa este proceso hasta llegar a "1", momento en el que deberías estar en un estado profundo de calma y serenidad.

7. ENTORNO DE RELAJACIÓN

Una vez que hayas alcanzado un estado de relajación profunda, visualízate en un entorno natural tranquilo. Puede ser una playa soleada, un bosque sereno, un jardín florido o cualquier lugar donde te sientas en paz. Imagina los detalles de este entorno: el sonido de las olas, el canto de los pájaros, el aroma de las flores, la brisa suave en tu piel. Este entorno debe ser un refugio donde te sientas segura y protegida.

8. MANTENIMIENTO DEL ESTADO DE RELAJACIÓN

Mantén este estado de relajación durante unos minutos, permitiendo que tu mente y cuerpo se recarguen. Disfruta de la sensación de paz y tranquilidad, sabiendo que en este estado tu subconsciente está más receptivo a las visualizaciones y afirmaciones positivas. Este es el momento para impresionar a tu subconsciente con las imágenes de lo que deseas ver manifestado como una realidad. Así que en este preciso momento dedícate a visualizar tu deseo con todos sus detalles y sintiendo vívidamente la experiencia como algo ya hecho. Hazlo por varios minutos.

9. REGRESO GRADUAL

Cuando estés lista para salir de este estado de relajación, hazlo gradualmente. Aún con tus ojos cerrados, comienza a mover lentamente los dedos de tus manos y pies, sintiendo el retorno de la energía a tu cuerpo. Luego, estira suavemente tus brazos y piernas. Por último, abre tus ojos lentamente, permitiendo que la luz y el entorno vuelvan a tu consciencia.

10. REFLEXIÓN FINAL

Antes de finalizar tu sesión, tómate un momento para reflexionar sobre tu experiencia. Nota cualquier cambio en tu estado de ánimo o nivel de tensión. Esta reflexión te ayudará a comprender mejor los beneficios de la relajación y a integrarlos en tu vida diaria.

Paso III: ESTILOS DE VISUALIZACIÓN:

La visualización es una herramienta muy poderosa para manifestar tus deseos y alcanzar tus metas. Existen diferentes métodos para visualizar; conocerlos, te permitirá elegir el que mejor se adapte a ti y maximizar su efectividad. Aquí te los comparto, detalladamente.

1. VISUALIZACIÓN EN PANTALLA

El primer método de visualización es cerrar los ojos e imaginar que estás viendo actividades en una pantalla frente a ti, como si estuvieras viendo una película en el cine. Este estilo es lo que la mayoría de la gente imagina cuando escucha el término "visualización". Funciona bien porque crea una separación entre tú y la escena, permitiéndote observar detalladamente los eventos y las imágenes.

Para practicar este método, sigue estos pasos:

- Encuentra un lugar tranquilo donde no serás molestada o interrumpida.
- Siéntate o acuéstate en una posición cómoda y cierra los ojos.
- Imagina una gran pantalla frente a ti.
- Proyecta en esa pantalla la imagen de lo que deseas manifestar. Puede ser una meta, un evento o una situación específica.
- Observa la escena en detalle: los colores, las formas, los movimientos.
- Deja que la escena se desarrolle como si estuvieras viendo una película. Mantén la imagen vívida y clara.

Aunque este método es efectivo, puede no ser el más poderoso de los dos estilos. Sin embargo, es una buena forma de comenzar, y es útil si te resulta difícil sumergirte completamente en la escena.

2. VISUALIZACIÓN EN PRIMERA PERSONA

El segundo método, que a menudo es más efectivo, es imaginarte a ti misma dentro de la escena a medida que se desarrolla a tu alrededor. Estás mirando a través de tus propios ojos todo lo que ocurre, y te ves y sientes dentro de la escena tal como la imaginas. Este método es como una realidad virtual, donde eres una participante activa en lugar de una observadora pasiva.

Para practicar este método, sigue estos pasos:

- Encuentra un lugar tranquilo donde no te interrumpan.
- Siéntate o acuéstate en una posición cómoda y cierra los ojos.
- Imagina que estás dentro de la escena que deseas manifestar. Por ejemplo, si estás visualizando un logro en tu carrera, imagina que estás en tu oficina recibiendo elogios por tu trabajo.
- Mira a tu alrededor en la escena a través de tus propios ojos. Ve a las personas, los objetos y el entorno como si realmente estuvieras allí.
- Siente las emociones y sensaciones asociadas con estar en ese lugar y logrando ese objetivo. Siente la alegría, el orgullo, la emoción.

- Utiliza todos tus sentidos: escucha los sonidos del entorno, huele los aromas, siente las texturas y, si es apropiado, imagina también los sabores.

Este método proporciona energía, vida y realismo a tus visualizaciones. Por ejemplo, durante los Juegos Olímpicos de Invierno, algunos esquiadores practican sus pistas de esquí utilizando este método. Mientras ven las carreras en la televisión, se mueven y balancean sus cuerpos al ritmo del paisaje, todo en su imaginación. Esto les permite experimentar la carrera y mejorar su rendimiento sin estar físicamente en la pista.

3. INTEGRACIÓN DE TUS CINCO SENTIDOS

Para que la visualización sea aún más efectiva, es crucial involucrar tantos sentidos como sea posible. No solo se trata de ver la escena en tu mente, sino de sentirla, escucharla, olerla y saborearla. Cuanto más inmersiva sea la experiencia, más real se sentirá, y más profundamente se grabará en tu subconsciente.

Aquí tienes algunos consejos para integrar los sentidos en tu visualización:

Vista: Imagina los colores, las formas y los detalles visuales de la escena.

Oído: Escucha los sonidos del entorno, como las voces de las personas, la música o los ruidos ambientales.

Tacto: Siente las texturas y las temperaturas. Por ejemplo, siente la suavidad de una manta, la calidez del sol o la frescura del viento.

Olfato: Percibe los aromas asociados con la escena, como el olor de las flores, el café recién hecho o la brisa del mar.

Gusto: Si es apropiado, incluye el sentido del gusto. Imagina que degustas el sabor de una comida deliciosa o una bebida refrescante.

4. PRÁCTICA REGULAR

Como cualquier otra habilidad, la visualización se mejora con la práctica regular. Dedica tiempo cada día a practicar estos métodos de visualización. Al hacerlo, entrenarás tu mente para crear y manifestar tus deseos con mayor facilidad y efectividad.

Ninguno de estos métodos es difícil. Solo requieren tu imaginación y la implementación de tantos sentidos como te sea posible. La práctica constante te ayudará a perfeccionar estas técnicas y a manifestar tus metas y deseos con mayor claridad y poder. Recuerda, la clave está en sumergirte completamente en la visualización, sentirte parte de la escena y experimentar cada detalle como si ya fuera una realidad.

Paso IV: VISUALIZACIÓN EN TIEMPO PRESENTE

Para que una visualización sea más efectiva, es esencial que se realice en tiempo presente. Esto significa que debes visualizar el resultado final como si ya existiera, como si el objetivo que buscas manifestar ya fuera tuyo actualmente. No te enfoques en el proceso o en cómo sucederá, sino únicamente en el resultado final. Aquí tienes los pasos para hacerlo.

1. VISUALIZA EL RESULTADO FINAL

Cuando te visualices, imagina que ya has alcanzado tu meta. Por ejemplo, si tu objetivo es escribir un libro exitoso, no te visualices sentada frente a una computadora escribiendo. En su lugar, imagina que el libro ya está terminado, publicado, y las personas lo están comprando. Visualiza los momentos de éxito y reconocimiento que vienen después de haber alcanzado tu objetivo.

2. EJEMPLOS DE VISUALIZACIÓN EN TIEMPO PRESENTE

Recibiendo un premio: Visualízate a ti misma en una ceremonia de premios, recibiendo un reconocimiento por tu trabajo. Siente la emoción y el orgullo de ese momento.

Recibiendo un cheque grande: Imagina que recibes un gran cheque por el trabajo terminado. Siente la satisfacción y la alegría de ser recompensada por tu esfuerzo.

Viéndote en una lista de los más vendidos: Visualiza tu nombre en una lista de los más vendidos, ya sea en una tienda de libros o en un sitio web de prestigio. Siente el orgullo de haber logrado ese éxito.

Recibiendo felicitaciones: Imagina a personas felicitándote por tu logro, expresándote su admiración y respeto. Siente la calidez y la alegría de ser reconocida por tus esfuerzos.

Divirtiéndote por tu éxito: Visualízate disfrutando de los frutos de tu éxito, celebrando con amigos y familiares, o disfrutando de nuevas oportunidades que se han abierto gracias a tu logro.

3. MANTÉN UNA ENERGÍA ALTA Y POSITIVA

Es importante que tus visualizaciones sean divertidas y positivas. Esto mantiene tu energía alta y afirmativa, lo que aumenta la efectividad de la visualización. Cuando te sientes bien y emocionada por tu visualización, estás enviando una señal poderosa al Universo y a tu subconsciente de que estás lista para recibir lo que deseas.

4. TÉCNICAS PARA MANTENER LA ENERGÍA POSITIVA

Involucra tus sentidos: Usa todos tus sentidos para hacer la visualización lo más real posible. Siente la textura del premio en tus manos, escucha los aplausos de la audiencia, ve la portada de tu libro en la lista de los más vendidos, huele el aroma de las flores en la ceremonia, y saborea el champagne en la celebración.

Emociones positivas: Enfócate en las emociones positivas asociadas con tu éxito. Siente la felicidad, el orgullo, la satisfacción y la gratitud. Estas emociones elevan tu energía y refuerzan la efectividad de tu visualización.

Repetición diaria: Practica tus visualizaciones diariamente. Cuanto más repitas la visualización, más real se sentirá y más profundamente se grabará en tu subconsciente.

Afirmaciones positivas: Usa afirmaciones positivas durante tu visualización. Por ejemplo, di en tu mente "Estoy agradecida por mi éxito". "Merezco este reconocimiento". "Estoy orgullosa de mis logros". Estas afirmaciones refuerzan la imagen mental y las emociones positivas.

La visualización en tiempo presente es una herramienta poderosa para manifestar tus deseos. Al visualizar tu objetivo como si ya se hubiera cumplido, estás creando una imagen mental clara y vívida que tu subconsciente puede trabajar para manifestar en tu realidad. Mantén tus visualizaciones divertidas, positivas y llenas de emoción para maximizar su efectividad. Recuerda, no te enfoques en el proceso, sino en el resultado final y en cómo te sentirás una vez que hayas alcanzado tu meta.

Paso V: DATE PERMISO PARA RECIBIR

El quinto paso para una visualización eficaz es fundamental: debes darte permiso para tener lo que estás visualizando. Esto implica una afirmación clara y poderosa: "Soy digna y merecedora de mi objetivo, y me doy permiso para tenerlo". Enseguida te doy los detalles.

1. LA IMPORTANCIA DEL PERMISO

La energía atractiva y la energía creativa a menudo permanecen bloqueadas hasta que nos damos permiso para recibir. Muchas personas, consciente o inconscientemente, sienten que no tienen derecho a tener éxito. Otras, pueden sentir que les falta el permiso necesario para alcanzar la grandeza. Esta falta de permiso puede ser una barrera significativa para manifestar tus deseos. Incluso si sientes que tienes el derecho de alcanzar tus metas, darte permiso explícitamente puede abrir algo dentro de ti que facilita el logro de tus objetivos. El permiso es una energía activa y poderosa que impulsa tus deseos hacia la manifestación.

2. AFIRMACIÓN DE PERMISO

Repetir una declaración de permiso varias veces durante una visualización puede ayudarte a abrirte más y más a la posibilidad de recibir lo que deseas. Aquí tienes un ejemplo de una afirmación de permiso: "Soy digna y merezco este objetivo. Me doy permiso para tenerlo". Repite esta afirmación varias veces, sintiendo cada vez cómo te abres más a la idea de recibir lo que estás visualizando.

3. EL IMPACTO DEL PERMISO

Este es un punto crucial. A menos que te des permiso, es muy difícil recibir lo que quieres, incluso cuando está justo en la puerta de tu casa. La falta de permiso actúa como una barrera, manteniendo la puerta cerrada. Darse permiso a uno mismo es como usar una llave para abrir esa puerta, permitiendo que tus deseos entren en tu vida.

4. ESCRIBIR TU DECLARACIÓN DE PERMISO

Otra técnica útil es escribir tu declaración de permiso. Esto puede reforzar tu compromiso y hacer que la afirmación sea más tangible. Escribe algo así: "Soy digna y merezco [inserta tu objetivo aquí]. Me doy permiso para recibirlo". Fecha y firma esta declaración, y colócala en un lugar donde puedas verla todos los días. Leer y repetir esta afirmación diariamente puede ayudarte a internalizar el permiso y a romper cualquier barrera subconsciente que esté bloqueando tu éxito.

5. USO DIARIO DE LA AFIRMACIÓN DE PERMISO

Usa la afirmación de permiso todos los días. Hacerlo de forma regular refuerza tu creencia de que mereces alcanzar tus metas, y abre tu mente y corazón a recibir lo que deseas. Aquí hay algunos consejos para integrar esta práctica en tu rutina diaria.

Por la mañana: Comienza tu día repitiendo tu afirmación de permiso. Esto establece una intención positiva y te recuerda que eres digna de tus objetivos.

Durante la visualización: Cada vez que practiques la visualización, incluye tu afirmación de permiso. Esto fortalece la conexión entre tu deseo y tu creencia en tu merecimiento.

Antes de dormir: Termina tu día con tu afirmación de permiso. Esto ayuda a que la idea de merecimiento se asiente en tu subconsciente durante la noche.

6. EJEMPLO DE USO DIARIO

Aquí tienes un ejemplo de cómo podrías usar la afirmación de permiso en tu rutina diaria.

Por la mañana: Al despertar, di en voz alta: "Soy digna y merezco [tu objetivo]. Me doy permiso para recibirlo".

Durante la visualización: Durante tu sesión de visualización, repite la afirmación varias veces, sintiendo cómo cada repetición te abre más a la posibilidad de recibir tu deseo.

Por la noche: Antes de dormir, repite tu afirmación: "Soy digna y merezco [tu objetivo]. Me doy permiso para recibirlo". Visualiza cómo se abre la puerta de tu vida y permite que tu deseo entre.

Recuerda esto: darse permiso para recibir es un paso esencial en el proceso de visualización. Sin este permiso, es difícil manifestar tus deseos, incluso si están al alcance de tu mano. La afirmación de permiso rompe las barreras subconscientes y te abre a la posibilidad de recibir lo que realmente deseas. Al usar esta afirmación diariamente, fortaleces tu creencia en tu merecimiento y facilitas la manifestación de tus objetivos.

Paso VI: EXPERIMENTAR LOS SENTIMIENTOS POSITIVOS

El sexto paso para una visualización eficaz es experimentar y disfrutar los sentimientos positivos asociados con tener lo que estás visualizando, durante todo el proceso de visualización. Este es quizás el aspecto más importante de todos, ya que las imágenes mentales por sí solas son estáticas y potenciales, pero los sentimientos les dan energía y vida. Desglosemos esto.

1. LA IMPORTANCIA DE LOS SENTIMIENTOS POSITIVOS

No subestimes el poder de tus palabras y pensamientos, pero presta aún más atención a tus sentimientos. Los sentimientos son la energía detrás de las palabras e imágenes. Así como un coche no funcionará sin combustible, tus visualizaciones necesitan la energía de los sentimientos positivos para activarse. Sin este elemento, tus visualizaciones pueden funcionar por pura voluntad y determinación, pero carecerán del poder creativo adicional que los sentimientos positivos proporcionan.

2. CÓMO ACTIVAR TUS VISUALIZACIONES CON SENTIMIENTOS

Para que tus visualizaciones sean más efectivas, es crucial que mantengas sentimientos positivos, independientemente de las circunstancias externas. La carga emocional que proporcionan estos sentimientos tiene el poder de manifestar resultados positivos. Incluso si haces todo bien en tu visualización, pero albergas dudas y sentimientos negativos en el proceso, no funcionará. Sin embargo, los sentimientos positivos por sí solos pueden hacer que el proceso de visualización funcione, superando obstáculos y mejorando tu condición.

3. CULTIVAR SENTIMIENTOS POSITIVOS

Aquí están los sentimientos clave que debes cultivar:

Plenitud.- El primer sentimiento que debes cultivar es la plenitud. Si piensas que solo te sentirás satisfecha cuando consigas lo que deseas, estás operando desde un lugar de carencia. Este sentimiento de insatisfacción es lo que tu subconsciente seguirá produciendo para ti. En cambio, llénate de sentimientos de plenitud ahora, y eso es lo que tu subconsciente manifestará.

Entusiasmo.- El entusiasmo es otro sentimiento indispensable, y no debe confundirse con la emoción. El entusiasmo es una energía enfocada y empoderada, una actitud dinámica y positiva hacia la vida y tus objetivos. Proviene de sentirte apasionada por tus metas y anticipar su realización. A diferencia de la emoción, que puede ser dispersa y basada en factores externos, el entusiasmo es una energía interna constante que impulsa tus visualizaciones.

Alegría.- La alegría da vida a tus visualizaciones. Este sentimiento proviene de adentro y no depende de factores externos. La mayoría de las personas basan su felicidad en posesiones, relaciones y logros, pero la verdadera alegría es un sentimiento interno de satisfacción y felicidad con la vida misma. Cultiva la alegría en tu vida diaria para darle un brillo adicional a tus visualizaciones.

Amor.- El amor es una energía poderosa para la visualización. Enamórate apasionadamente de lo que estás visualizando, y esto le dará una tremenda energía magnética que atraerá tus deseos hacia ti. Piensa en algo que realmente amas hacer y transfiere ese sentimiento a tus visualizaciones. Esta transferencia de sentimientos puede hacer que tus visualizaciones sean más vívidas y efectivas.

Gratitud.- Finalmente, la gratitud es un sentimiento fundamental. La gratitud libera los apegos negativos y abre tu corazón. Considera todas las cosas por las que estás agradecida: las personas que amas, tu buena salud, tu hogar, y cualquier otra cosa que te haga sentir agradecida. La gratitud no solo atrae más cosas positivas a tu vida, sino que también te hace sentir bien y abre las puertas a la recepción.

4. APLICANDO SENTIMIENTOS POSITIVOS EN LA VISUALIZACIÓN

Cuando practiques la visualización, asegúrate de infundir tus imágenes mentales con estos sentimientos positivos. A continuación tienes algunas sugerencias prácticas para hacerlo.

Vista: Aprecia todos los detalles visuales al imaginar tu deseo.

Oído: Disfruta escuchando los sonidos asociados con tu objetivo.

Tacto: Placenteramente, siente las texturas y temperaturas relacionadas con tu visualización.

Olfato: Deléitate con los aromas que rodean tu deseo.

Gusto: Saborea con tu paladar cada alimento o bebida, si es que intervienen en la visualización de tu deseo.

Incorporar sentimientos positivos en tus visualizaciones es la manera más eficaz de activarlas. Estos sentimientos no solo hacen que tus visualizaciones sean más vívidas y realistas, sino que también proporcionan la energía necesaria para manifestar tus deseos. Practica sentir plenitud, entusiasmo, alegría, amor y gratitud mientras visualizas, y observa cómo estas emociones transforman tus sueños en realidad.

Paso VII: PENSAR Y ACTUAR DESDE LA PERSPECTIVA DE TENER Y SER

Este es el séptimo paso para una visualización eficaz. Piensa y actúa desde la perspectiva de que ya tienes y ya eres lo que deseas. Es fundamental dejar de solo desear o soñar con lo que quieres, y comenzar a pensar y actuar como si tu objetivo ya fuera una realidad en tu vida.

1. ADOPTA LA MENTALIDAD DE TENER

Para que la visualización sea efectiva, debes adoptar la mentalidad de que tu objetivo ya es tuyo. Esto significa que debes dejar de pensar en términos de "ojalá" o "espero que esto suceda", y empezar a pensar en términos de "ya lo tengo". Aquí te doy algunos ejemplos de cómo cambiar tu mentalidad al respecto.

En lugar de: "Ojalá esto se diera prisa y sucediera". Piensa: "Estoy agradecida de que esto ya esté sucediendo en mi vida".

En lugar de: "¿Cuándo va a pasar?" Piensa: "Ya está ocurriendo en este momento".

En lugar de: "Me pregunto si realmente sucederá". Piensa: "Sé que esto ya es una realidad para mí".

En lugar de: "¿Cómo podría funcionar esto, de todos modos?" Piensa: "Todo está funcionando perfectamente para manifestar mi deseo".

En lugar de: "Quizás no estoy haciendo esto correctamente". Piensa: "Estoy haciendo esto bien, y mi objetivo ya es mío ahora".

Si te das cuenta de que tienes pensamientos negativos o de duda, inmediatamente di: "CANCELAR", y reemplázalos con afirmaciones positivas. Esta práctica te ayudará a mantener una mentalidad positiva y una mentalidad de tener, lo cual es crucial para la manifestación.

2. ACTUAR COMO SI YA LO TIENES

Además de pensar como si ya tienes lo que deseas, es igualmente importante actuar como si ya lo tuvieras. Esto implica comportarte y tomar decisiones como lo harías si tu objetivo ya fuera parte de tu vida. Aquí hay algunas formas de hacerlo.

Comportamiento y lenguaje.- Habla y actúa con la confianza y la seguridad de alguien que ya ha alcanzado su objetivo. Usa un lenguaje afirmativo y positivo en tus conversaciones y pensamientos.

Toma de decisiones.- Haz elecciones alineadas con tu nueva realidad. Por ejemplo, si deseas ser más saludable, comienza a tomar decisiones diarias que reflejen ese estilo de vida.

Visualización activa.- Durante tus sesiones de visualización, imagina no solo el resultado final, sino también cómo te comportarías, qué harías y cómo te sentirías en tu vida diaria con ese objetivo ya logrado.

3. SENTIR EL ENTUSIASMO Y LA PLENITUD

Permítete sentir el entusiasmo y la plenitud de tener lo que deseas. Imagina que tu deseo ya está en movimiento y que los eventos se están desarrollando a tu favor. Siente la emoción y la satisfacción de saber que ya eres lo que deseas ser y que ya tienes lo que deseas tener. Esta sensación de dejar ir, similar a enviar una carta y confiar en que llegará a su destino, es fundamental.

4. SOLTAR Y CONFIAR

Una vez que has enviado tu deseo al Universo a través de la visualización, debes dejar ir y confiar en que los resultados están en camino de regreso a ti. No te permitas dudar del proceso o cuestionar su efectividad. La duda y el miedo son señales de que no te has entregado completamente al proceso y que estás ejecutando programas de miedo y duda.

Estos pensamientos solo ceden tu poder a las ilusiones del mundo exterior.

5. REEMPLAZAR EL JUICIO CON CONFIANZA

Es esencial no juzgarte a ti misma, a los demás, o a la situación. No te preguntes por qué no está funcionando todavía o cuándo va a suceder. En cambio, confía en que ya está funcionando y que todo está ocurriendo en el momento perfecto para ti. Reemplaza cualquier juicio con confianza y gratitud por el proceso.

Pensar y actuar desde la perspectiva de tener y ser es un componente determinante de la visualización efectiva. Adopta la mentalidad de que ya tienes lo que deseas, actúa como si ya fuera una realidad, y siente la plenitud y el entusiasmo de ser la persona que ya lo tiene. Deja ir cualquier duda o miedo, y confía en el proceso. Al hacer esto, estarás alineando tu mente, cuerpo y espíritu con tu objetivo, facilitando su manifestación en tu vida.

CAPITULO XIV

CONCLUSIÓN

El Amanecer de tu Poder Creativo

Al cerrar la última página de este ejemplar, no estás simplemente terminando de leer un libro, (escuchar un audio) más bien estás marcando el comienzo de la obra maestra más extraordinaria: tu propia vida, conscientemente creada.

"TRANSFORMACIÓN: Conscientemente Creando Tu Realidad" fue el lienzo; y tu visión, los pinceles con los que has aprendido a pintar una existencia vibrante y exitosa, llena de intención.

A lo largo de este viaje, has explorado el poder de tus pensamientos, emociones y acciones. Has descubierto cómo cada elemento de tu consciencia puede alinearse con la Mente Universal, y al mismo tiempo, ayudar a la humanidad en tu proceso para manifestar no solo lo que deseas, sino lo que resuena con lo más profundo de tu alma.

Ahora te encuentras en el umbral de una nueva realidad. Una realidad donde eres la artífice consciente, la científica perspicaz y la mágica inspiradora de tu destino. En este libro (audio) te he ofrecido el mapa para guiar tus pasos, pero serán tus propios pasos, tus decisiones y acciones las que al final del día escribirán tu futuro.

La manifestación es un arte continuo, una ciencia en evolución y un baile con el Universo, que debe practicarse continuamente. El acto de crear conscientemente tu realidad es y será siempre una expansión infinita de tu capacidad de soñar y hacer tus sueños realidad.

Lleva contigo la certeza de que cada pensamiento-forma sembrado en el jardín de tu mente subjetiva es un futuro floreciendo en el horizonte de lo posible. Con cada respiración consciente, invita a la abundancia, la alegría y la paz a ser los pilares de tu existencia.

Te reitero la importancia del uso responsable y ético de esta información, en solo enfocarnos en acciones que refuercen la justicia, la equidad y la integridad.

En un mundo cada vez más interconectado, donde la información es tan accesible como poderosa, la manera en que decidimos emplearla puede tener impactos significativos y duraderos en las comunidades y en la sociedad en general. La información, por su propia naturaleza, es neutral; sin embargo, el uso que hacemos de ella puede clasificarse éticamente como bueno o malo, justo o injusto. Usar la información para el beneficio mutuo significa emplearla para mejorar nuestras vidas y las de los demás, para fomentar el conocimiento, la comprensión y el desarrollo sostenible. Esto implica compartir conocimientos que pueden ayudar a otros a tomar decisiones informadas, a resolver problemas y a crear oportunidades que beneficien a toda la comunidad.

Por otro lado, es fundamental recordar que cualquier intento de explotar la debilidad, ignorancia o necesidad de otros, usando información privilegiada como esta, no solo es éticamente reprochable, sino que también puede tener consecuencias drásticas. En la práctica, aprovecharse de la vulnerabilidad de alguien, para obtener beneficios personales, puede llevar a la pérdida de confianza, respeto y credibilidad, pilares fundamentales sobre los que se construyen tanto las relaciones personales como las profesionales.

En el ámbito legal, el uso indebido de información puede llevar a litigios, sanciones y otras repercusiones judiciales que pueden afectar de manera permanente a una organización o individuo. Pero más allá de las consecuencias legales, es el daño moral y ético lo que más pesa. El tejido social se sostiene en gran medida por la confianza mutua; al erosionar esa confianza, no solo perjudicamos a otros, sino que también nos dañamos a nosotros mismos y a nuestra capacidad para funcionar eficazmente dentro de nuestra comunidad y sociedad.

Además, el actuar siempre de manera justa y honesta nos posiciona como líderes y referentes en nuestra comunidad. La integridad se convierte en un faro que guía a otros hacia comportamientos éticos similares, creando un ambiente donde prevalecen la justicia y el respeto mutuo. Este liderazgo moral tiene el poder de transformar entornos, fomentando una cultura de transparencia y responsabilidad.

Por lo tanto, es imperativo cultivar y ejercer constantemente la discreción y la responsabilidad ética en el manejo de esta información. Hacerlo, no solo evita consecuencias negativas, sino que también eleva nuestra existencia, enriquece nuestras interacciones y fortalece nuestras comunidades. Vivimos en una era donde la información es un arma de doble filo, capaz de construir o destruir con igual potencia. El cómo elegimos manejar esa herramienta define en gran medida el legado que dejaremos para las futuras generaciones.

En última instancia, abogar y practicar el uso ético y responsable de esta información es un pilar crucial para cualquier sociedad que aspire a ser justa y equitativa.

Ahora ya lo sabes.

Con esta conclusión, no te despido, sino que te invito a continuar la danza de la creación. Deja que tu vida sea tu declaración más poderosa, tu canción más bella, tu lienzo más vibrante. Y recuerda: en cada momento de decisión, en cada desafío o celebración, estás conscientemente creando tu realidad.

Con infinito entusiasmo por lo que crearás:

Choyo Gomex

Tu Impresión Estelar

-Una Invitación-

Mientras la última palabra de este libro (audio) se desvanece en la quietud de tu reflexión, te invito a dejar una estela luminosa que guíe a otros hacia sus propios caminos de descubrimiento. Si las páginas de "TRANSFORMACIÓN: *Conscientífemente Creando Tu Realidad*" han tocado la fibra de tu ser, han iluminado tu entendimiento o han sembrado semillas de transformación en tu jardín interno, considera compartir tu experiencia.

Una reseña de cinco estrellas es mucho más que una valoración; es una vibración que envías al universo, una afirmación de que el poder de la manifestación consciente está en acción. Tus palabras pueden convertirse en la chispa que encienda la luz de la posibilidad en el corazón de otra alma, animándola a tomar las riendas de su propia realidad.

Cada reseña, como un faro de cinco puntas, no solo expande el alcance de este mensaje, sino que también refuerza la red de consciencia colectiva que estamos tejiendo juntos. Es un acto de generosidad que dice: "Creo en el poder de crear conscientemente, y quiero que otros también lo descubran".Así que, si te sientes inspirada a compartir tu opinión, por favor, toma un momento para dejar una reseña de cinco estrellas. Imagina el impacto que tu eco puede tener en el cosmos, un eco que dice "sí" a la vida, a la consciencia y a la incesante maravilla de la creación.

Gracias por ser parte de esta jornada, por tu presencia y por tu futura contribución estelar.

Que lo que has aprendido aquí, se multiplique en tu vida y en la de todos los que tu reseña pueda tocar.

Con gratitud y en resonancia con tu infinito potencial: Choyo Gomex.

¡Felicidades por completar de leer
¡ TRANSFORMACIÓN!

El hecho de que hayas llegado hasta aquí muestra que estás verdaderamente comprometido con la transformación de tu vida financiera y con alcanzar un nuevo nivel de prosperidad.

Completar un libro es algo que pocos logran, y tú lo has conseguido. Eso es fenomenal.

Soy Máster Practicioner de PNL Entrenado por Dr. Richard Bandler

Y como muestra de mi agradecimiento y para reconocer tu dedicación, te ofrezco una sesión de coaching personalizada de 45 minutos, totalmente sin costo para ti, vía Zoom.

Esta es una oportunidad para que hablemos a profundidad sobre tu Plan Maestro para manifestar tu riqueza y asegurar que estás en el camino correcto.

Si estás interesado(a), simplemente envíame un correo a: choyo@gomex.com, y coordinaremos la fecha y hora que mejor te convenga. Yo estoy aquí para ayudarte a dar el siguiente gran paso hacia tu riqueza y Prosperidad económica.

Yo ya estoy haciendo mi parte; ahora, ¡es tu turno!

REFERENCIAS

☐ Hill, Napoleon. *Piense y Hágase Rico*. México: Editorial Pomaire, 1980. Un clásico sobre la ley de la atracción y el poder del pensamiento positivo para alcanzar el éxito personal y financiero.

☐ Murphy, Joseph. *El Poder de la Mente Subconsciente*. Barcelona: Ediciones Obelisco, 1993.Una obra fundamental sobre cómo el subconsciente puede ser entrenado para atraer y manifestar nuestros deseos más profundos.

☐ Tolle, Eckhart. *El Poder del Ahora*. Barcelona: Editorial Grijalbo, 1999.Un libro influyente que explora el poder de vivir en el presente y cómo esto puede transformar nuestra vida.

☐ Proctor, Bob. *Usted Nació Rico*. Ontario: LifeSuccess Productions, 1984.Explora la mentalidad de la abundancia y cómo cambiar nuestras creencias sobre el dinero y la riqueza.

☐ Covey, Stephen R. *Los 7 Hábitos de la Gente Altamente Efectiva*. Buenos Aires: Editorial Paidós, 1990. Una guía práctica y filosófica para ser más efectivo en cualquier aspecto de la vida, enfocada en la transformación personal.

☐ Byrne, Rhonda. *El Secreto*. Nueva York: Atria Books, 2006. Un libro que popularizó la ley de la atracción, explicando cómo los pensamientos pueden influir en nuestras realidades.

☐ Dyer, Wayne. *Tus Zonas Erróneas*. Barcelona: Editorial Grijalbo, 1976. Un análisis profundo sobre cómo superar las creencias limitantes y desarrollar una actitud más positiva y efectiva.

☐ Sinek, Simon. *Empieza con el Porqué*. Barcelona: Empresa Activa, 2013. Un libro sobre liderazgo y propósito, que ayuda a las personas a encontrar su "porqué" para inspirar acción y cambio.

☐ Canfield, Jack, y Mark Victor Hansen. *Sopa de Pollo para el Alma*. Ciudad de México: Editorial Diana, 1993. Una colección de historias inspiradoras que han tocado la vida de millones de personas, ayudándoles a superar obstáculos y encontrar la motivación.

☐ Schwartz, David J. *La Magia de Pensar en Grande*. México: Editorial FCE, 1959. Un enfoque práctico sobre cómo los pensamientos y las actitudes pueden determinar el éxito en todos los aspectos de la vida.

SOBRE EL AUTOR

Choyo nació en un pequeño y humilde pueblo llamado La Majagua, en Michoacán, México. Mientras trabajaba en los campos de su aldea, soñaba con un futuro mejor y tenía un deseo desesperado de mejorar su situación financiera. Estaba intrigado por entender por qué algunas personas son abundantemente ricas mientras que la mayoría apenas tiene lo suficiente para sobrevivir, y se propuso descubrir la razón.

Choyo Gómex ha vivido en California durante más de 35 años. Durante quince de esos años, fue un trabajador indocumentado que buscaba desesperadamente el camino hacia el éxito.

En mayo de 1973, a la temprana edad de 18 años, dejó su pueblo natal y, escondido en la cajuela de un auto, cruzó la frontera hacia los Estados Unidos, arriesgando su vida en la búsqueda del "Sueño Americano". Una vez en los Estados Unidos, Choyo tuvo la suerte de encontrar a uno de los mejores entrenadores en desarrollo personal de su época, el Sr. Earl Nightingale, quien lo guió en el camino hacia el éxito personal.

Su determinación de nunca aceptar un "NO" como respuesta definitiva y su inquebrantable voluntad de triunfar le permitieron inscribirse en la Universidad de Pepperdine, donde se graduó en 1986 con una Licenciatura en Administración de Empresas, – aún siendo indocumentado – y dos años después obtuvo una Maestría en Administración de Negocios (MBA) en Mercadotecnia en la Universidad Nacional.

En aquel tiempo, su educación tuvo un costo de $120,000, una suma exorbitante considerando que ganaba solo $1.75 por hora trabajando   como   lavaplatos. Choyo entendió la importancia de tener una buena educación y nunca permitió que la falta de dinero fuera un obstáculo para obtenerla. "No necesariamente necesitas dinero para obtener una buena educación," dice. Su mentor le enseñó que podía hacer, tener o ser cualquier cosa que deseara, que todo lo que necesitaba para triunfar era un fuerte deseo de alcanzar sus metas, determinación y la disposición de pagar el precio haciendo las cosas de una manera específica.

Choyo finalmente encontró la clave del éxito. Se retiró a los 50 años y ha escrito varios libros. Ahora, está ansioso por compartir su fórmula para el éxito con todas las personas que deseen alcanzarlo. Su público tiene ahora la oportunidad de aplicar lo que él aprendió durante su viaje hacia el éxito personal y empresarial.

Sus conferencias motivacionales muestran cómo cualquier persona también puede comenzar a trabajar hacia el logro de las metas que realmente desea.

Para más información, por favor visite el sitio web:

www.choyo.com

9 798348 213909